# 古典文獻研究輯刊

## 三九編

潘美月・杜潔祥 主編

## 第54冊

### 傳統中國：文獻學專輯（下）

司馬朝軍　主編

國家圖書館出版品預行編目資料

傳統中國：文獻學專輯（下）／司馬朝軍　主編 -- 初版 --
新北市：花木蘭文化事業有限公司，2024〔民113〕
目 2+172 面；19×26 公分
（古典文獻研究輯刊 三九編；第 54 冊）
ISBN 978-626-344-974-9（精裝）
1.CST：文獻學 2.CST：文集 3.CST：中國
011.08                                          113009891

ISBN-978-626-344-974-9

古典文獻研究輯刊
三九編　第五四冊                    ISBN：978-626-344-974-9

## 傳統中國：文獻學專輯(下)

主　　編　司馬朝軍
總 編 輯　杜潔祥
副總編輯　楊嘉樂
編輯主任　許郁翎
編　　輯　潘玟靜、蔡正宣　美術編輯　陳逸婷
出　　版　花木蘭文化事業有限公司
發 行 人　高小娟
聯絡地址　235 新北市中和區中安街七二號十三樓
　　　　　電話：02-2923-1455 ／傳真：02-2923-1452
網　　址　http://www.huamulan.tw 信箱 service@huamulans.com
印　　刷　普羅文化出版廣告事業
初　　版　2024 年 9 月
定　　價　三九編 65 冊（精裝）新台幣 175,000 元　　版權所有‧請勿翻印

# 傳統中國：文獻學專輯（下）

司馬朝軍　主編

# 目

# 次

# 地方文獻

# 論徽州沱川余華
# 《省吾錄》及其精神世界

王獻松

## 一、余華的家族與生平

### （一）徽州沱川余氏家族

　　沱川余氏為徽州大族，其始遷祖余道潛於北宋末年遷居此地，據乾隆二十二年《婺源縣志》載：「余道潛，字希隱，宋雍熙進士智孫，舒城宰永錫子，登宋政和八年王昂榜進士，任桐廬主簿。博極群書，精於天文、地理，為政精密嚴恕，民甚德之。時朱勔採奇花異石以供貢獻，將次桐廬，道潛曰：『吾豈剝民以媚權貴？不去，終必有禍。』遂挈妻子之婺源。未逾年，方臘果起兵，以誅勔為名，浙東西遂大亂，人始服公之先見。」[註1] 此後，沱川余氏開枝散葉，由沱川篁村陸續分遷至沱川郛村、理源、燕山等村落，至明中後期，余氏在沱川就已經形成了篁村文則公房、文昌公房、文省公房，郛村良達公房、良善公房、良銑公房、良著公房，燕山功遠公房、功藝公房、功先公房、公大公房、公禮公房、以道公房，理源相公房、楷公房、桫公房、梧公房、柟公房、橡公房等眾多支脈，從而使沱川成為余氏的聚集地，因此有「沱川余氏」之稱。

　　婺源為朱子祖籍之地，徽州學者多秉朱子之教，研習理學，名家輩出，有「東南鄒魯」之稱。沱川余氏雖然興起較其他宗族略晚，卻厚積薄發，理

---

〔註1〕（清）俞雲耕修：《婺源縣志》卷二十七《人物志・寓賢》，乾隆二十二年刻本，第 2b～3a 頁。

學人才輩出，成為以理學傳家的宗族，如乾隆二十二年《婺源縣志·儒林傳》所載明代沱川余氏理學家就有餘世儒、余純似、余懋衡、余啟元四人，至清代，余道生、余華、餘元遜等後先相繼，以讀書窮理為己任，使沱川余氏成為名副其實的理學世家。光緒七年（1881），安徽學政邵亨豫曾為沱川理源題「理學淵源」門楣。而自明宣德以來，沱川余氏家族在科舉上也嶄露頭角，尤其是在明代，沱川余氏共有 8 人考中進士，且仕途通達，如余懋學（1539～1598）官至南京戶部右侍郎，余懋衡（1561～1629）官至南京禮部尚書，余一龍（1535～1611）官至南京太僕寺卿，余啟元（1543～1633）官至南京大理寺卿。清道光年間，沱川余氏族人編纂《沱川余氏家乘》，曾專門列「仕進」一門，記載家族科舉成績，其中列秀才 400 餘人，雖然沱川余氏入清之後科考成績遠不如晚明時期，但仍可稱得上是「秀才世家」。沱川余氏家族入清之後雖然有所衰落，不復昔日輝煌，但其向學之心未衰，其中「舌耕以養」的塾師成為許多人的「治生」之業。如沱川余氏理源相公房中，自余道生始，其子余華、孫余鳴球、曾孫餘元遜、玄孫余克聯，以及余克聯子余龍光、孫余香祖等，都曾以塾師為業，沱川余氏其他房中，亦多有坐館授徒之人，謂之「塾師世家」，亦無不可。

## （二）余華生平概述

余華（1663～1699），字協於，後改字積中，號淡庵，徽州府婺源縣沱川（今屬江西省上饒市）人。余華「生而聰明穎悟，讀書過目成誦，而性質端莊醇恪，如老成人」，[註2] 深受父親余道生喜愛。明中期，陽明心學興起，隨即風行天下，深受朱子理學影響的徽州士人亦受到心學衝擊，至清初猶餘波未盡。余華卻能堅守理學，研讀《四書》《五經》以及濂、洛、關、閩義理之書，十五歲時已能通其大義，而尤為服膺《近思錄》一書，並時常抄錄批評陸王心學的《學蔀通辨》。

余華「德器粹然，孝友純篤」，學行甚優，受到同縣莘原汪氏家族青睞，得以娶汪楝之女汪安為妻。莘原汪氏亦為徽州大族，其中明代兵部尚書汪應蛟、清代大儒汪紱最為著名。汪安為汪應蛟玄孫女、汪斯醇孫女、汪楝之女，出生於南京，少余華一歲，早年家境甚為優渥，其祖父汪斯醇因清初隨軍平定湖南有功，任建昌知府，其同父兄弟凡十二人，其中「官太守者二，副使者一，

---

〔註 2〕 （清）汪紱：《雙池文集》卷八《余淡庵傳》，《汪雙池先生遺書》第 41 冊，廣陵書社，2016，第 174 頁。

郡丞者二，中書者二，廣文者三，讀書太學者二」，〔註3〕如汪爌（字施北）因隨征有功，任貴陽府知府，後又於康熙二十三年（1684）調任溫州府知府；汪輝（字觀旂）於康熙二十二年任建寧府同知，後又調任漢陽府知府；汪燝（字芳韶）由廩貢授內閣中書，後又升任杭州府同知，餘元遴以為莘原汪氏「一時門第之盛，為吾婺冠」。〔註4〕然而，余華家境貧困，議婚之時竟無力籌措聘禮，余道生只好將家中供「饘粥」的五畝薄田作為聘禮，方使余華得以完婚，余華時年十六歲。

余華二十歲時，已頗為擅長寫作科舉時文，其文「清真淡遠，而能與經義相發明」，〔註5〕而不同於一般的揣摩之作，余華遂於康熙二十二年（1683）考中秀才。隨後，余華開始以塾師為職業，曾於康熙二十三年隨汪爌赴溫州府知府之任，授徒之外，兼做幕僚，汪爌「理煩治劇，實半資先生力焉」。余華後又往南京坐館授徒，「或歲一歸，或數歲一歸」，其中某次由南京返鄉途中，「僕夫疾作，不能肩任行李，先生乃以行李置輿中，而步行累日，亦卒與僕夫工食不少減」。〔註6〕可略見其仁德。汪紱《余淡庵傳》論其生平曰：

> 居親喪，哀毀逾禮，色養其母，雖與兄弟分爨異宮，而其母日用所需，不敢以輪日諉。家徒四壁，嘗遠館千里之外，藉館穀以資饘粥。然歲時伏臘，猶必分束脯以飼遺親屬，親族中有不能舉火者，量力分口實以濟之。非道非義之財，一介不取，動守禮法，不失尺寸，行笈中恒以戴《記》自隨。其教子弟也，嚴立課程，先器識而後文藝，循蹈規矩，以身先之。其治家溫而肅，其逮下嚴而有恩。……其御事勤敏，常黎明而起，或治事，或讀書，夜分乃寐。治事精詳，絲毫不苟，存體致用，經濟裕如。……居鄉，善排解，恒以持大體、正名分為主。其與人言，則諄諄誨以存仁居敬。里中有兄弟不睦，欲徙家以避之者，賴先生為之勸諭，得全其家，其人終身佩德不忘，且筆之為子孫法。蓋先生聰明內擅，而與人相接，則渾然不露圭角，

〔註3〕 （清）餘元遴：《染學齋文集》卷八《先大母行略》，臺北「故宮博物院」藏抄本。

〔註4〕 （清）餘元遴：《染學齋文集》卷八《先大母行略》。

〔註5〕 （清）汪紱：《雙池文集》卷八《余淡庵傳》，《汪雙池先生遺書》第41冊，第175頁。

〔註6〕 （清）汪紱：《雙池文集》卷八《余淡庵傳》，《汪雙池先生遺書》第41冊，第176～177頁。

是以披拂其風者，無不羨以為春風和氣。居恒篤實闇修，不事表暴，嘗自詠云：「讀書求自得，為善畏人知。」若遇鄉里有事，則率以身先。每言：「學者須濟人利物，不當止閉門作自了漢也。」〔註7〕

余華以讀書、授徒為事，安貧樂道，「嗜學如饑渴，卒以受氣之薄，未強仕而歿」〔註8〕，年僅三十七歲，甚為可惜。

## 二、《省吾錄》：余華的自省之書

余華雖英年早逝，卻著述等身，據汪紱《余淡庵傳》記載：「所著有《寫心集》，皆自道其所得，內而身心意知，外而家國天下，略已大備；所輯有《法古錄》《敦實編》《學庸輯解》《實觀錄》《四書關鍵》《綱鑑略》《先賢至論》《名賢論斷》《詩式》《文式》及《左》《語》《國策》及秦漢文、八大家文選、《宣公奏議選》諸書，約百餘卷，皆藏於家。」〔註9〕其中《寫心集》上下二編是余華最為重要的著作，而其所輯其他著作大都散佚失傳。余華之孫餘元遴曾對《寫心集》進行整理，並為之作跋，曰：

言者，心之聲也。心之所存有邪正，斯言之所形有是非，不可以偽也。故讀《書》可見二帝、三王之心，讀《論》《孟》《學》《庸》可見孔、顏、思、孟之心，其他權謀術數與夫百家諸子之說，閱其書可知其人，未有心是而跡非、心非而跡是者。……先大父幼承家教，刻自砥礪，《寫心集》一書，蓋皆躬行心得之言，平正通達，切實近裏，宜汪雙池先生謂其「痛自刻勵之志，躍然於字裏行間，此書可繼《讀書》《居業》二《錄》之後也」。嗚呼！先大父之著茲編也，蓋始於二十四五時，而享年僅三十有七，使天假以年，其所造更何如，其樹立又當何如，而音響雖存，哲人早萎，此遴所謂「日夕痛心，顧不肖之躬而愧恨無地」者也。原書約五萬餘言，少時璞齋伯父常以選本誨示；癸酉，遴復為選定，今閱之，覺去取未當，更為撮其大要，訂為茲編，蓋欲以簡約示久遠，而不避其僭也。〔註10〕

〔註7〕（清）汪紱：《雙池文集》卷八《余淡庵傳》，《汪雙池先生遺書》第41冊，第176～178頁。

〔註8〕（清）餘元遴：《染學齋文集》卷八《先大母行略》。

〔註9〕（清）汪紱：《雙池文集》卷八《余淡庵傳》，《汪雙池先生遺書》第41冊，第178～179頁。

〔註10〕（清）餘元遴：《染學齋文集》卷二《寫心集跋》。餘元遴此文原題《省吾錄跋》，《染學齋文集》抄本中有墨筆改動為《省吾錄跋》，目錄中亦題作《省吾

但其實餘元遴所整理之《寫心集》已非余華原書面貌，而是《寫心集》中所收《省吾錄》，據余華玄孫余龍光記載：「高大父淡庵公《省吾錄》上下二編，……是編昔與古體文、散體詩集同訂，總名曰《寫心集》，後學輾轉流傳，獨鈔茲《錄》者，亦誤以《寫心集》名之，其實《寫心集》乃高大父詩文全集之總名，不可以命是編也。今詩文散佚者多，而《省吾錄》獨存，其殆高大父精神之所呵護，較《寫心集》之詩古文詞尤足以淑世而傳後乎！」〔註11〕可見，《寫心集》是余華詩文作品與《省吾錄》的合編總名，但在後世輾轉傳抄過程中，余華詩文作品逐漸失傳，《省吾錄》遂冒《寫心集》之名流傳。但無論「寫心」還是「省吾」，書中展現的都是余華自己最真實的想法，都是他用自我反省的方式書寫的自己的內心世界。

餘元遴曾師從徽州大儒汪紱（原名烜，字燦人，號雙池，汪應蛟玄孫，與汪爐、汪安等同輩），在他整理《寫心集》過程中，曾於乾隆二十二年（1757）請汪紱為此書作跋，汪紱《余淡庵〈寫心集〉跋》曰：

> 淡庵余先生《寫心集》上下二篇，約三萬餘言，大要以克去己私、推心及人為主，又詳於治生、教家，及鄉閭排難解紛，引為己任，不欲徒作自了漢。其痛自刻厲之志，蓋躍然於字裏行間矣，夫豈以空言市者？罕及性命，蓋性與天道，孔子且罕言之，庸行之常，下學上達，性天宜自得也。思、孟始詳言性，漢、唐儒者謭陋，漸流於異，周、程、張、朱乃起而力闡其源，此皆其時為有大不得已焉者。明季闡陸學之宗，王、湛說興，至山農、卓吾而蕩檢逾閑，無所不至，此無他，高言性命，不務躬行，期以立言欺人之為禍，故至此也。辟陸王者，明儒亦多有其人，而莫詳於東莞陳氏《學蔀通辨》一書，先生所服膺不失。則性命之真，先生蓋擇之明矣，所以罕言者，得非以庸行之常，下學上達，故深監高言之失，而矯以實地工夫歟？其或數言及於本源，則亦卓然不惑；其有過者，則疑於強制之勞，而要其躬行可識矣。予故心嚮往之，謂此集可以繼《讀書》《居敬》二《錄》之後云。〔註12〕

---

錄跋》，今咸豐元年餘龍光刻本《省吾錄》末尾有餘元遴此跋，文字與墨筆所改相同，當是余龍光所改。今據餘元遴原文引用。
〔註11〕 見（清）余華：《省吾錄》下編，湖南圖書館藏咸豐元年餘龍光刻本，第27a～27b頁。
〔註12〕 （清）汪紱：《雙池文集》卷九《余淡庵〈寫心集〉跋》，《汪雙池先生遺書》

餘元遴後又於乾隆三十五年（1770）請好友洪騰蛟為《寫心集》作跋，曰：

> 《省吾錄》二編，淡庵余先生自道其所得以正後之君子者也。
> 先生承尊人易昉公家學，精思力踐，為士林所宗，其言皆根於義理，
> 切於事情，而大要歸於近裏著己。莊頌之下，凜凜如臨嚴師，又如
> 積屙被體，經藥石而霍然稱快。嗚呼，是足以傳矣！先生之孫秀書
> 與余友善，出此編相示，又得先生畫像而瞻仰焉，余雖不及從先生
> 遊，竊幸讀其遺書，奉為典型，以庶幾於檢身寡過，而因歎芝根醴
> 源，秀書之所以束躬修行者，其來有自也。〔註13〕

余華《省吾錄》長期以稿本形式，冒《寫心集》之名，在沱川余氏家族內部流傳，後經余華玄孫余龍光兄弟等人努力，至咸豐元年（1851）才得以刊刻行世，並正式題名為《省吾錄》，余龍光述其刊刻經過曰：「道光丙午，將付剞劂，因屬從兄紹新、胞弟紹簡校訂訛字，而光適以奉檄試吏部，不果。己酉夏，從兄病歿，郵書申前約，時方辦理崑山災賑，繼調元和，首劇沖繁，未暇及也。今從公餘之暇，重校付梓，惜乎從兄下世三年，不及見矣。」〔註14〕《省吾錄》原有五萬餘字，後經沱川余氏余璞齋、餘元遴先後選定，汪紱所見僅為「三萬餘言」，而咸豐元年刻本《省吾錄》已僅剩二萬字左右。

《省吾錄》始作於余華二十四五歲時，此時正是余華父親去世，母親年邁待養，而余華又不得不外出坐館之時，所以余華內心對於自己難以為父母盡孝非常自責，於書中曾言：

> 《記》云：「孝有三：小孝用力，中孝用勞，大孝不匱。」予當
> 用力者，思慈愛忘勞可也。予既不能躬耕，徒抱殘書，遠館求活，
> 甘旨之事，多未及焉。予父歿矣，母老矣，歿者何以盡祭葬，存者
> 何以伸孝養，且椎牛而祭，不如雞豚逮存，今老母垂白在堂，此正
> 古人「一日養，三公不以易」時也。乃予遠遊在外，不能躬侍晨昏，
> 內子亦未能和敬以盡婦道。父母辛苦育子，至於成立，乃虛名假聚，
> 實事全無，是殆有子而無子，有婦而無婦也，其尚何以為人哉！況

---

第 41 冊，第 311～312 頁。汪紱此跋在收入咸豐元年刻本《省吾錄》時，余龍光將「約三萬餘言」改為「約二萬餘言」。

〔註13〕 見（清）余華：《省吾錄》下編，第 26a 頁。據余龍光改汪紱、餘元遴跋語中《寫心集》為《省吾錄》，可推知：洪騰蛟跋語中《省吾錄》，應是余龍光改《寫心集》而來。

〔註14〕 見（清）余華：《省吾錄》下編，第 27b～28a 頁。

予學古十餘年矣，所讀者何書，所學者何事，所告無罪於天地父母
者何端，本行不修，罪深孽重，宜為鬼神譴責之所必及，其尚敢心
高妄想，求多於天而責於人乎哉？自今痛自懲艾，側身修行，以全
子道，以挽天心可也。〔註15〕

余華正是懷著這種「本行不修，罪深孽重」的自責開始了他的自省之路，並隨
筆記錄，陸陸續續寫作了這本《省吾錄》。

余華《省吾錄》雖然與汪紱所提及的明代薛瑄《讀書錄》、胡居仁《居業
錄》這兩部理學著作有一定的相似之處，但不容諱言的是，此書雖經餘元遴整
理、余龍光等人校訂，然而全書雜亂編排，不列類目，亦無體系，應是未完之
作。但筆者認為，《省吾錄》一書雖已不全，且體例不善，未能系統展現余華
理學思想，但吉光片羽，彌足珍貴，亦可從中略窺作為儒生、秀才、塾師的余
華這一底層士子的精神世界。

## 三、余華的精神世界

### （一）「克己」：儒生余華的修養論

自宋代以來，《四書》逐步超越《五經》，成為教育和科考的主要內容，
而《大學》「三綱八目」中的「修身」作為其中極其重要的環節，開始受到儒
家學者普遍的重視。作為儒生的余華，就非常注重自身的修養，並對儒家「克
己」的修養方法有所發展，形成了自己的修養論。

余華的自我修養以自我反省為開端，我們從其《省吾錄》的書名就可略窺
一斑，而書中更是有許多自省之語，如：

受病處要加克治，得益處要加擴充。吾嘗清晨自叩，覺病殊多
而益殊少，輒復羞慚。吾身心大病，在粗而不在細，又所稟最弱，
欲念不除，勢必不能永年。平時讀書作文，亦非一味怠惰者，然逐
象尋形，思維卻少，長此不治，便是膏肓之疾。交人接物，不會圓
融，又其中迫隘，所受不大。……對證自醫，是在精察力行而已。
夫聖學莫大於立誠，用功莫善於主敬。吾性情率直，未嘗以偽言偽
行加人，持此可以不墮邪路；每見人所長，便肯虛心。二者是吾好
處，顧受病之端，如前所云者，蔽錮已深，恐將來病勢漸增，汩沒
天良，或至無一善狀也。夫人心道心，出此入彼，其間不能容髮。

人苦不自知，知過不改，則無復望焉矣。孟氏教人求放心，曰集義，曰擴充。能改過而集義，方才有善可充。悠悠忽忽，草木同朽，於心安乎？〔註16〕

自省是余華「認識自己」的方法，而「認識自己」既要認識到自己的優點，也要認識自己的缺陷，這樣才算是全面的「認識自己」。但自我反省也還只是初步的工作，在認識自己之後，更重要的是要能夠知過能改。在余華看來，如果一個人「不自知」，或者「知過不改」，那麼對於這個人也就沒有什麼可以期待的了，這個人也必將成為一個俗人、庸人，「悠悠忽忽」過完一生，最後與「草木同朽」。而余華則通過自我反省，總結了自己的優點（即「好處」）和缺陷（即「大病」）：其優點是「性情率直」和「虛心」，其缺陷有粗心、欲念難除、缺乏思考、不會圓融等。自省為修身之始，在認識到自身「受病處」之後，更重要的是能夠進行「克治」，即通過「精察力行」來「對證自醫」，這就需要儒家的「克己」工夫。余華曾言：「學者以變化氣質為先，克己工夫，正所以變化氣質也。人之氣質，各有偏處，須於此用功，省而克，克而省，循環而進，自日造於高明，所謂君子上達也。」〔註17〕可見，在余華看來，「自省」和「克己」正是「君子上達」的兩個手段，二者相互為用，互相促進，於此也可見余華作《省吾錄》的目的並非僅僅止於自省，而是要通過自省的工夫進一步促進完善克己的工夫，使自己得以「變化氣質」，實現「君子上達」的理想。余華對「克己」工夫的重視在《省吾錄》中多有體現，如曰：「入世須從受用處做工夫，天下惟克己最受用。」〔註18〕曰：「學道之要，莫妙於主靜，然非無欲不能靜，非克己不能無欲也。」〔註19〕曰：「顏之四勿，曾之三省，孟之三反，皆所以克己也。」〔註20〕曰：「凡事克己做去，此是宇宙間第一等人。」〔註21〕

當然，余華在「克己」工夫方面並沒有停留在理論論述層面，而是通過反思自省歸納總結出了「克己節目」，即自己需要重點從哪些方面進行「克己」工夫的實踐。余華總結的「克己節目」有四，依次為「恃心」「偏心」「怒心」「惰心」，這四「心」都是他要進行克治的內容，並且對這四「心」的具體

〔註16〕（清）余華：《省吾錄》上編，第 7a～8a 頁。

〔註17〕（清）余華：《省吾錄》上編，第 10a 頁。

〔註18〕（清）余華：《省吾錄》上編，第 8a 頁。

〔註19〕（清）余華：《省吾錄》上編，第 9b 頁。

〔註20〕（清）余華：《省吾錄》上編，第 10a 頁。

〔註21〕（清）余華：《省吾錄》下編，第 4a 頁。

內涵作了進一步論述,以便「對證自醫」。余華於「恃心」曰:「恃學問,恃品概,俱是。道無定名,學無止境,恃則不復進矣。」於「偏心」曰:「萬物一體,須見得到;己大物小,須容得住。硜硜之節,何為哉?」於「怒心」曰:「世教既衰,人不興行,不必怒;躬自厚而薄責於人,無可怒。程子曰:『克己可以治怒。』得之矣。」於「惰心」曰:「誦詩讀書,日有常功;待人接物,胸有定奪。以及甘淡泊,省睡眠,皆不可隳其功也。」〔註22〕在《省吾錄》中,余華對此亦多有深入分析,如對於「恃心」,余華認為一個人不僅不可以仗恃權位、財富、暴力以欺人,同樣不可以矜恃學問、品概等優秀品質以傲人,例如對於那些「恃理」的學者,他就有所批評:「我心中不惟欲不可居,即理亦不可恃,才說執理,便伏高己卑人之念,此心所以貴於虛也。」〔註23〕在余華看來,想要克治「恃心」就需要努力做到「虛心」,不可以執理而有高己卑人之念,更不可因讀書窮理而生矜恃之心。他還自省道:「吾輩讀書窮理,自有一段高俗處。然有得於中,未免詡於外也;不合於時,未免肆諸口也;加恩於人,不無望報之心也。此皆習氣易勝,道行不堅,渺躬不德之徵也。」〔註24〕對於「偏心」,余華認為一個人應該認識到世間萬物皆為一體,雖有大小強弱等不同,但都應有其合理的生存空間,而不能有所偏私,損人利己,損物益人,如此才能成為君子,否則就是硜硜自守的小人。而克治「偏心」就需要有救世之心,能夠「己欲立而立人,己欲達而達人」,承擔其自身應該承擔的責任,例如對於那些「賢智者輕愚庸,富貴者渺貧賤」的行為,他也有所批評:「賢智者輕愚庸,富貴者渺貧賤,謂其以愚暗而多過差,其貧苦皆自取也。抑思我賢智,便當覺庸愚,開其不知而匡其不及;我富貴,便當救貧苦,恤其有無而拯其危厄。此乃天地之心、生生之理,吾儒萬物一體之學也。君子救世,止是一點欲立、欲達之心自不能已耳,豈嘗擇其人之賢否而後思救之哉?且使彼亦賢智,亦富貴,則彼亦我矣,又何貴於我哉。」〔註25〕「賢智者覺庸愚」「富貴者救貧苦」才是君子所當為,而那正是儒家「萬物一體之學」的體現。一個人如果能有此「萬物一體」的救世之心,自然可以克治其「偏心」;如果能夠克治「偏心」,自然可以成就儒家「萬物一體之學」。

---

〔註22〕（清）余華:《省吾錄》上編,第 10b 頁。
〔註23〕（清）余華:《省吾錄》上編,第 5b 頁。
〔註24〕（清）余華:《省吾錄》下編,第 18b 頁。
〔註25〕（清）余華:《省吾錄》下編,第 14b～15a 頁。

余華「克己」的修養論雖然未必十分完善，但卻有較強的實踐性，對普通儒生士子的自我修養還是具有一定的指導價值的。

### （二）「審富貴而安貧賤」：秀才余華的貧富觀

作為秀才的余華，雖然會得到官府的一定優待，但因家境貧寒，余華同樣要為生計奔波操勞，是一個典型的「窮秀才」。而在儒家文化的薰染和現實生活的歷練之下，余華逐漸形成了自己看待富貴、貧賤等級差距的觀念。余華曾言：「審富貴而安貧賤，是學道一關頭。此關頭打不破，莫言學道也。」[註26]「審富貴而安貧賤」出自朱熹《四書章句集注》，曰：「不以其道得之，謂不當得而得之。然於富貴則不處，於貧賤則不去，君子之審富貴而安貧賤也如此。」[註27]可以說，「審富貴而安貧賤」是余華從朱熹那裏得到的應對自身貧困處境的一大精神資源，也代表了余華最基本的貧富觀。

所謂「審富貴」是指對於取得富貴的途經應該進行審慎選擇，對於以不義的手段取得的富貴應該拒絕，這就是孔子所謂「不義而富且貴，於我如浮雲」（《論語·述而》）。在《省吾錄》中，余華就對「窮秀才」科舉入仕後「枉法得財」的行徑多有批評：「若今之窮秀才，以舌耕養家，酸苦倍常，其青衿老者，猶守寒素家風，及徼幸一第，凡門戶支應輿馬僕從之費，數倍於舌耕之時，體面日好，責望日多。做秀才時自負操守，至此際說不起矣，於是算計富戶、出入衙門之念漸漸萌動。且無錢財便不能赴部謀選，即幸叨一任，而俸入本薄，上官仍以公務勸輸，於是妻子之供應、上官之餽送、親友之投贈，一切取給百姓，非枉法得財何以供此？是科第官爵者，乃敗壞元氣之物也。」[註28]所謂「安貧賤」並非安於貧賤的現狀，聽天由命，毫無作為，而是指雖處貧賤之中，但能夠安時處順，而不怨天尤人，雖「飯蔬食飲水」，仍能一心向學，樂在其中。余華曾言：「必安貧乃能入道，必有道乃可忘貧。」[註29]又曰：「學人通病，所以多欲而不能克者，大半由貧字生來。士生次日，處貧實難。妻子號寒啼饑，安得不為動念，以俯仰因人之身出而涉世，其委蛇遷就者多矣。究竟窮達，實是命定，憂者徒憂，忘者自忘。古今來讀書人，曾餓死幾個？淡泊固其志也。即令食貧以死，是亦受命於天，著一分怨尤不得，

[註26]（清）余華：《省吾錄》上編，第12b頁。
[註27]（宋）朱熹：《四書章句集注》，中華書局，2016，第70頁。
[註28]（清）余華：《省吾錄》下編，第9b頁。
[註29]（清）余華：《省吾錄》上編，第12b頁。

著一分營望不得，須如此斷定方是。」〔註30〕余華將「安貧」與「入道」因果關聯，雖不免有語氣過重之弊；將人之「窮達」視為「命定」，又不免囿於宿命論之病，但於此卻不難看出余華「安貧賤」的鮮明態度。所以，余華的「審富貴而安貧賤」並非一味地讚美「貧賤」，仇視「富貴」，而是要以儒家的「道」或「義」作為評判標準，違道而能去之貧賤則不敢去，不義而可得之富貴則不敢取。同時，余華極為重視人倫，曾言：「天下萬事起於人倫。行此之謂道，有此之謂德，全此之謂仁，宜此之謂義，知此之謂智，品節此之謂禮，實此之謂誠，主此之謂敬，盡此之謂忠，推此之謂恕，渾然內裕之謂中，粹然外見之謂和，純乎此理而為一，明乎此理而為精，懲其不率而為刑，迪其實修而為教。分而觀之，一事有一理也，合而觀之，萬事共此理也。為學以明人倫，果能敦倫，則無愧於學矣。」〔註31〕所以，余華雖然家境貧寒，但他並未完全沉淪於貧賤，而是積極進取，努力承擔自己的家庭責任，這從余華推崇「節儉」和重視「治生」兩方面可以看到。

在「節儉」方面，余華曾言：「處家莫如勤儉。」〔註32〕他在家庭生活方面的具體做法是：「其處家之儉也，自薪米鹽油外，必四時八節、祖先生忌，一家大小誕日致祭，親朋至，方設酒肉。又或於老疾者異膳，其餘卑幼無故不得飲酒食肉。」〔註33〕同時，余華認為「奢儉是興衰源頭」，即使那些亨通之家也應該注重節儉，曰：「人生運數有亨困，當其亨時，遇事多順，能節儉為心，稍有餘蓄，不如意時，猶可勉強支撐。若亨通之日，順風揚帆，不知屬有天幸，以為日後可常如此，濫用妄費，取快一時，迨遇運否，則涸鮒興悲，一敗而不可復振矣。夫從前受用太過，則後來困乏愈覺難堪，徒生怨尤，亦復奚益？」〔註34〕可見余華認為，貧賤之人理應節儉，如此方可度日；富貴之人如能節儉，也可有所儲蓄以防萬一。而對於「窮秀才」科舉入仕後「枉法得財」的行徑，余華更是認為只有「節儉」可以有所補救：「想來惟有節儉一路，可以保全素志。雖既登科，仍可設教，其門庭各務，還他寒素舊家風，縱比從前稍稍擴充，亦當力為節嗇。至有司衙門，以不做為高；若做，則亦

---

〔註30〕（清）余華：《省吾錄》上編，第9b～10a頁。
〔註31〕（清）余華：《省吾錄》上編，第4a～4b頁。
〔註32〕（清）余華：《省吾錄》上編，第19a頁。
〔註33〕（清）余華：《省吾錄》下編，第4b～5a頁。
〔註34〕（清）余華：《省吾錄》下編，第6b頁。

進退維谷矣。此亦讀書入仕者之所當知也。」〔註35〕可見，余華認為，節儉本身就是一個人修身的重要內容，通過節儉來修身，就可以不墮素志。

在「治生」方面，余華曾言：「凡人一生，上而父母生事祭葬，下而妻子飲食教誨，中而門庭親友慶弔往來，自有許多禮節。古來所傳高士，或飢餓不能出門戶，吾意其人分誼所不能盡者，亦已多矣。夫學者以治生為急，或帶經而鋤，或舌耕以養，布衣蔬食，力敦樸素，於分誼所當盡者，庶可支撐。其非義之榮利，自夷然不屑也。若漫語清介以為高，終是過中之行耳。」〔註36〕可見，余華對於人倫日用之間所需的禮節是非常重視的，認為只有勤於治生，才能盡自己所應盡的職分。所以，余華認為並不應該將義理與世務分作兩事，而應該綜合考慮，不可有所偏廢，曾言：「人生日用，件件需財。富貴之家，盡分自易，今則貧乏者十七八矣。必也勤身節用，念艱難，守謙恕，苦心支持，庶幾稍盡其職分；乃或深入世味，而淪於卑污，或偏執己見，而傷於矯激。義理、世務，打成兩截，吾未見其有當也。夫為人而飢餓其身，可也；有父母而飢餓，有祖宗而缺祭葬，可乎？有子而不能隆師友、備昏娶，有親戚朋友而慶弔問遺不相往來，可乎？夫數者既不可無，而貧乏之身，補苴無術，則所為積學修行，謹身節用，自不容於不至矣。」〔註37〕既然生而為人就需要用財來盡自己的職分，那麼就不能輕視「治生」，而應該熟練世務，並屬行節儉，這樣就不必擔心對於職分當為之事有所虧欠。當然，那些以治生為藉口而「深入世味」，隨波逐流，最後淪為卑污之人，則不免於「過中」之病，仍在余華的批評之列。尤其是對於那些固執己見，以義理為藉口不肯治生、不會治生之人，余華更是多有批評，如批評那種「不會周旋世故」的讀書人曰：「讀書人每多疏放之病，蓋做得幾句文章，曉得幾分義理，未免世情看不入眼，坐此不會周旋世故。然所言者義理，而行則未合；責人者義理，而己則未盡。聖賢之教我者，豈如是乎？夫言而未行，則其心放矣；責人恕己，則其念薄矣。己則不能孝，而徒責人之不子；己則不能弟，而徒責人之不弟；己不能通財務義，而徒責朋友之不先施。挾其一知半解，為評論當世、責備他人之具，而不知吾心之淪於放焉、薄焉，則背理之行，我身先之，曾不如密於周旋、慎於酬應者之仍無失乎禮教之中也。夫聖賢真種子，止是不言而躬行，躬厚而薄責。知此者為

〔註35〕（清）余華：《省吾錄》下編，第 9b～10a 頁。

〔註36〕（清）余華：《省吾錄》上編，第 20a 頁。

〔註37〕（清）余華：《省吾錄》上編，第 25a～25b 頁。

聰明，體此者為道德，反乎此而自矜賢智，吾謂其流於小人之中而不覺也。」
〔註38〕又如批評那種超塵脫俗的「山林之士」曰：「世人名趨利逐，至死不休，
自陷於罪惡中，不之覺也。山林之士，矜尚清閒，以疏散為高致，謂其脫俗則
有之，謂其知道則未也。人在五倫中，性分所固有、職分所當為者，終身做之
不盡，何處可容閒得？不盡職而務閒，徒為廢物而已矣。嘗有詩云：『水雲刻
刻常流走，寒暑年年自在還。休說清閒能勝俗，乾坤何處可容閒？』」〔註39〕

　　當然，余華家境貧寒，其對貧賤關注更多，如其批評「貧賤人言仁義」
的現象曰：「富貴人言勢利，貧賤人言仁義。言勢利者，欲貧賤人小心事己；
言仁義者，欲富貴者推惠厚吾，皆私心也。吾謂勢利不足責，天下之壞仁義
者，皆言仁義之人始之。萬物一體之謂仁，無所為而為之謂義，存之於心，
行之於事，本不待言而表也。今之言仁義者，初非知有仁，知有義，而言之
諄諄者，以貧賤焉耳。貧賤無可恃，不得不起而恃仁義，謂借其名可以抗天
下之言勢利者而高出其上，不知富貴者有勢利而言勢利，貧賤者無仁義而言
仁義，有無之間，終不能勝，而反為顯者所竊笑也。是故仁義真面目，賴有
志之士維持之，時時去其有我之私則仁矣，事事合乎天理之宜則義矣，返躬
盡道，未遇則為霧豹、為冥鴻，遇則為祥麟、為儀鳳，使當世舉首翹足仰為
泰山北斗，豈不盛哉，而又何以多言為也。」〔註40〕「天下之壞仁義者，皆
言仁義之人始之」一書，可謂針砭時弊，振聾發聵，值得深思。至於如何「處
貧」，余華曾言：「富貴貧賤四字，胸中若打發不開，始之以悲愁，繼之以放
曠，雖吃苦到老，全然不曉道味。須知耳目口體之私，正古人用功所在，窮
固不可縱，達亦不可縱，人心抑得下，道心方升得起。故人不能安貧賤者，
凡聖賢千言萬語，一字不能承當。今既在貧賤中，正不必悲悲切切，虛負時
光也。」〔註41〕據《省吾錄》記載，曾有人問余華是否對其貧賤的處境有所
憂慮，余華回答說：「吾方憂不得為人，何暇憂貧賤？」〔註42〕可見，余華
身處貧賤之中，卻能不以貧賤為憂，而以「不得為人」為憂，矢志向學，讀
書窮理，可謂善於「處貧」之人。

---

〔註38〕（清）余華：《省吾錄》上編，第27a～27b頁。
〔註39〕（清）余華：《省吾錄》下編，第18a～18b頁。
〔註40〕（清）余華：《省吾錄》下編，第2b～3a頁。
〔註41〕（清）余華：《省吾錄》上編，第18a～18b頁。
〔註42〕（清）余華：《省吾錄》上編，第12b頁。

### （三）「讀書為本領，教人為職業」：塾師余華的職業操守

余華雖然早年考中秀才，但卻一直未能考中舉人，只能「舌耕以養」，以坐館授徒為其「治生」途經。但作為塾師的余華，並不願意「悠悠忽忽」度日，而是有著明確而堅定的職業操守，余華曾言：

> 古之學者，負耒橫經，士而農者也。今則唯從事硯田，以為資身之策，又不揣其才之能為人師與否，而多方營求，竟同市道，使有力之家反挾此以傲寒士，此士風所以趨下，而師道所以掃地者也。其世之擇師者無真耳目，每以歲科試之甲乙定學問之高下，如或有司不公不明，真士無從吐氣，則讀書者益苦矣。雖然，在人者不足責，所以返諸己者亦有道焉：吾輩讀書為本領，教人為職業。誠得主人尊師重道，學生聰明聽教，此是幸事，然不可多得。有主人肯教而學生頑鈍放肆，有學生肯學而主人鄙瑣傲慢，既已不合，勢難復留，若勉強依違，而其所以為教者，亦聊且粗略，不肯盡心，是又烏得為無罪哉？〔註43〕

余華面對「師道掃地」的社會現狀，非常無奈，對於那些「勉強為教而不肯盡心」的塾師更是嚴厲批評，他認為自己作為塾師，應該反躬自省，以「讀書為本領，教人為職業」，將「讀書」與「教人」看作是自己作為塾師最基本的職業素養。

其中，「讀書」是「教人」的基礎，只有塾師自己讀書明理，才能更好地教書育人，否則就是「以其昏昏使人昭昭」了。所以，余華對讀書非常重視，曾言：「一日不讀書則昏，一時不想讀書則俗。」〔註44〕並且認為「讀書之要，在於循序而精思」〔註45〕。同時，余華主張在讀書過程中應該嚴立課程，並加以遵守，如此才能有大長進，曾言：「讀書便要立課，每歲讀經史若干，性理經濟之書若干，歷朝詩文若干，時藝若干，所著詩文若干。貴精而不貴多，貴專而不貴雜，惟精與專，乃恒久之道也。」〔註46〕對於所讀之書，應以「專精」為主，而不可雜亂無章，漫無邊際。此外，余華非常反對那些死讀書、讀死書的行為，認為「讀書最要不死句下」〔註47〕，不能完全被所讀之書的文字所鉗

〔註43〕　（清）余華：《省吾錄》上編，第 15a～15b。
〔註44〕　（清）余華：《省吾錄》上編，第 8a 頁。
〔註45〕　（清）余華：《省吾錄》上編，第 9a 頁。
〔註46〕　（清）余華：《省吾錄》下編，第 3b 頁。
〔註47〕　（清）余華：《省吾錄》上編，第 8b 頁。

制，因為讀書作為窮理、明理的重要途徑雖然十分重要，但讀書本身並不是目的。一個人讀書為學的目的首先應該是「變化氣質」，為自己的「克己」工夫提供理論支撐。所以，他認為：人首先應該通過自我反省，認識到自己「性質」中的「偏私」之處，再通過讀書明理來克治自己的「氣質之偏」，從而達到「變化氣質」的目的。余華曾言：

> 學以變化氣質為先。各人氣質之偏，要自家理會。今載籍極博，道理都說盡，但其間有為高明發者，有為沉潛發者，曉得自己偏私，便吃得對病之藥。乃性剛方者，讀至「遇事敢為」「不畏彊禦」，便氣味相投，守為秘鑰，而益甚其剛，曾不知有「柔克」之道也；性質柔懦者，讀至「慮〔險〕防危」「退一步法」，便氣味相投，守為秘鑰，而益甚其柔，曾不知有「剛克」之道也。人不肯從自己性質上理會，治其偏私，雖自謂讀書明理，而不知其適為氣質用也，多讀書與不讀書等。〔註48〕

可見，如果讀書不能做到「因人制宜」，從而「變化氣質」，那麼就有可能助長自己的「氣質之偏」，「適為氣質用」，這樣的話，即使讀書再多也是無用。

「教人」是余華「讀書」一大目的，也是他作為塾師的本職工作。余華雖然批評那些「勉強為教而不肯盡心」的塾師，但他也意識到即使塾師真心教人，也應該講究教育方法，曾言：「真心誨人而不得其法，往往用力勞而成功少，究亦不能成天下之材，此甚不可不講也。」〔註49〕所以，他非常看重教育方法，曾總結有「因人」「循序」「獎勸」三法，曰：「聖門之教，首在因人。若不知其人受病之處，徒一概而施，於何得益？……其次在於循序。躐等之弊，不唯無益，而又害之。……而其間所以鼓舞振作之者，又莫妙於獎勸。天地之氣運日衰，生人之志行日薄，責罵不來，猶或扶獎得來，用其所長以攻其所短，借其所明以通其所蔽，每有奇效。……教之多方鼓舞，使人日遷善而不知者，固如此也。今之教者，非失之太寬，即失之太嚴，又無真切成才之心，豈得謂之盡職？」〔註50〕「因人」即孔子的「因材施教」，是根據不同的學生採取不同的教育內容，因為每個學生的「受病之處」（或稱「氣質之偏」）都是不一樣的，如果塾師不加辨別而「一概而施」地進行教育，並

---

〔註48〕（清）余華：《省吾錄》下編，第24a～24b頁。
〔註49〕（清）余華：《省吾錄》上編，第15b頁。
〔註50〕（清）余華：《省吾錄》上編，第15b～16b頁。

不能做到因人對症糾偏，這樣對某些學生可能並不會有什麼教育作用。而「循序」就是要按照教育內容的難易順序，先易後難，由淺入深，循序漸進，而不能拔苗助長，越次躐等，否則就有可能會適得其反，對學生有害無益。「獎勸」則是在教育學生的具體過程中，應該以獎勵、勸勉學生為主，而不能任意責罰、辱罵，要能夠發現學生的長處並加以培植，使其能夠每天都有所長進，只有做到寬嚴得當，真心實意地培養學生成才，這樣才算是盡到了作為塾師的職責。

當然，余華也並不認為只要做到了這三個方面就是一個好的塾師，因為一個好的塾師最根本的條件還是要塾師自身能夠做到窮理修身，作一個好的表率。他說：「雖然，尤有本焉，古未有不正己而正人者，與其以言教，不如以身教也，是故君子不可以不修身。」〔註51〕也就是說，一個塾師如果想教育好學生，首先自己要做到「正己」，也就是余華非常重視的「克己」工夫，只有塾師自己做到修身，他才能以身作則，通過「身教」來影響學生，而不僅僅只有「言教」的講授而已。

可見，余華作為一介寒士，雖然認為「寒士以得館為性命」〔註52〕，但他並不把自己坐館授徒這件事情簡單地理解為「治生」的問題，他並不是為了解決家庭的溫飽而做塾師，而是有著非常明確的教書育人的職業操守的。

## 結　語

作為儒生、秀才、塾師的余華，有著自己豐富的精神世界，這也使他對自己有著較高責任擔當，他並不甘心自己的一生在「悠悠忽忽」中度過，最終與「草木同朽」，正是這份不甘心讓他以「克己」為修養工夫，以讀書、教人為職業，善處貧賤而不驕不餒，努力通過自身的實踐來實現自己的君子理想。余華曾言：「君子之學，未有重人而輕己者也，亦未有是己而非人者也。必成己，而成物之本始立；必成物，而成己之事乃全。」〔註53〕可見，他希望自己能夠通過成己、成物以成就自身的君子人格，實現自己的君子理想。

余華對「君子」這一身份非常重視，也有許多期許，曾言：「君子此身，窮而著書立言，一家之中敦行孝友；達而致君澤民，興大利，除大害，如救

---

〔註51〕（清）余華：《省吾錄》上編，第 16b～17a 頁。
〔註52〕（清）余華：《省吾錄》上編，第 26b 頁。
〔註53〕（清）余華：《省吾錄》上編，第 11b 頁。

災荒、平寇亂、明倫興學、養賢育才。俱要有實惠及人，方堪不朽，若閉門作自了漢，初無實事可指，而曰我心中義理流行，克繼前聖，此是天下假道學，欺世盜名之徒也。豈不謬哉！」〔註54〕可見，余華非常重視君子人格的實踐意義，認為只有「有實惠及人，方堪不朽」，而那些只會紙面做文字工夫、只想閉門做自了漢的人不過是「欺世盜名」的「假道學」罷了。在余華看來，君子人格無關乎窮達，無關乎境遇，只要有理想，隨處都可以有所成就，他說：「君子此身，在一家為一家培元氣，在一鄉為一鄉固根本，在天下為天下舉德政，隨事順理，因時制宜，俱有實惠舉行，為世俗立個榜樣，方是天地間有關係之人。」〔註55〕不管是在家、居鄉，還是出仕為官，身處何種境遇，只要能夠有所作為，為世俗樹立「榜樣」，就是一個於「天地間有關係」的君子。可以說，這既是余華對理想中的君子人格的想像，也是余華對自身的期許和擔當。只可惜余華英年早逝，生前亦未能出仕為官，其影響僅限於家鄉一隅，汪紱曾言：「夫惟積之於身者實，而後見之於用者宏；植品於鄉隅者嚴，而後設施於國家者正。以先生之所學如是，律身如是，自任如是，如天假之年，得以深造焉，而表見於世，德業應未可量。獨奈何享年不永，僅三十有七而終。鄉邑之人，無不悼之。」〔註56〕

但無論如何，身處社會底層的余華能以修身為本，育人為念，學高不驕，家貧不餒，注重實效，擁有崇高的精神境界，都可以稱得上是一位仁德君子了。

本文為安徽省哲學社會科學規劃青年項目「清代徽州沱川余氏世家研究」（AHSKQ2018D109）階段性成果

---

〔註54〕（清）余華：《省吾錄》下編，第 20b 頁。
〔註55〕（清）余華：《省吾錄》下編，第 5a～5b 頁。
〔註56〕（清）汪紱：《雙池文集》卷八《余淡庵傳》，《汪雙池先生遺書》第 41 冊，第 178 頁。

# 專題研究

# 《書集傳纂疏》對
# 《書集傳》的「羽翼發明」

顧海亮、趙爭

　　陳櫟（1252～1334）字壽翁，徽州休寧人，學者以「定宇先生」稱之。
〔註1〕事蹟具《元史·儒學傳》。陳櫟學以朱子為宗，於四書五經著述頗豐，
多已亡佚。今有《歷代通略》四卷、《勤有堂隨錄》、《定宇集》十六卷、《書
集傳纂疏》六卷遺世。〔註2〕

　　陳櫟《書》學研究為當時以至後世所重，其早年即對《尚書》頗為用力，
南宋度宗成淳九年二十二歲時，「始就方州試以《書經》與待補選。」〔註3〕陳
櫟頗重《書》經：「諸經各得其一體，而《書》具諸經之全體，治經而不盡於
此，非知本者。」〔註4〕中年之後，又有《尚書大旨》、《書解折衷》：「舊嘗述
《尚書大旨》，繼成《書解折衷》。屢欲序之，未遑也。大德癸卯十二月五日，
始取《大旨》，略改冠於篇端云。」〔註5〕《書說折衷》今已亡佚，由《尚書大
旨》改而成的《書說折衷自序》，可略窺其中年時期的《書》學思想。陳櫟著

---

〔註1〕 許育龍對陳櫟生平事蹟辨析甚詳。詳參氏著：《宋末至明初蔡沈《書集傳》文
　　　　本闡釋與經典地位的提升》臺灣大學中國文學研究所博士學位論文，2011年，
　　　　第四章《書集傳》在元代的經典化過程，第132～133頁。
〔註2〕 《書集傳纂注》版本現有臺灣「國家圖書館」藏明山陰澹生堂傳鈔梅溪書院
　　　　本、《通志堂經解》本、《文淵閣四庫全書》本。本文引文採用《通志堂經解》
　　　　本。
〔註3〕 〔元〕陳櫟：《年表》，《定宇集》，《景印文淵閣四庫全書》第1205冊，臺灣商
　　　　務印書館1986年版，第153頁。
〔註4〕 〔元〕陳櫟：《書說折衷自序》，《定宇集》卷一，第157頁。
〔註5〕 〔元〕陳櫟：《書說折衷自序》，《定宇集》卷一，第157頁。

《書解折衷》是為課教其子，《書說折衷自序》云：

> 予幼習此經，老矣猶心醉焉。諸家之解，充棟汗牛，啄啄心心，孰為真的。蔡氏受朱子付託，惜親訂僅三篇，朱子說《書》謂通其可通，毋強通其難通。而蔡氏於難通罕闕焉，宗師說者固多，異之者亦不少。予因訓子，遂掇朱子大旨及諸家之得經本意者，句釋於下，異同之說，低一字折衷之。《語錄》所載及他可採之說，與夫未盡之蘊，皆列於是。惟以正大明白為主，一毫穿鑿奇異，悉去之。〔註6〕

在陳櫟看來，《尚書》甚為難治，《蔡傳》強解其所難通，違背朱子解《書》的闕疑原則，並且其間不少與朱說相異。因此，陳櫟並不墨守《蔡傳》，而是掇取朱子及諸家符合《尚書》經文本意的說法，為《尚書》作句釋，並折衷諸家《書》說之異同，惟以「正大明白」為主。

　　據陳櫟自言，董鼎編纂《書傳輯錄纂注》早於其《書解折衷》十年，二者體例及内容大體相同，都是為了「發明《蔡傳》」，不過《書解折衷》的體例「沒有完全」採《蔡傳》於諸說之前而已。

> 董公三十年前，嘗宗蔡氏《書傳》，輯朱子《語錄》，增諸家注解，間以己見，發明之。書成藏於家，其嗣子季真謀刊以廣其傳。予二十年前，亦嘗編《書解折衷》，宗朱蔡，採諸家，附己見，大略相類，第不盡載《蔡傳》於前耳。〔註7〕

在陳櫟看來，《蔡傳》大體遵循朱子所定的原則和體例，總體上是能夠代表朱子《書》學觀點的。故其在未推行科舉時，即編有《書解折衷》一書，開始「羽翼《蔡傳》」。陳櫟謂：

> 自有注解以來三四百家，朱子晚年始命門人集傳之，惜所訂正三篇。而聖朝科舉興行，諸經四書一是以朱子為宗，《書》宗《蔡傳》固亦宜然。櫟不揆晚學，三十年前時科舉未興，嘗編《書解折衷》，將以羽翼《蔡傳》。亡友胡庭芳見而許可之，又勉以即《蔡傳》而纂疏之。遂加博採精究，方克成編。〔註8〕

此書得到了好友胡一桂的稱許，並勸勉陳櫟在此基礎上就《蔡傳》作「纂疏」。《書說折衷》成於元大德癸卯，陳櫟時五十二歲〔註9〕，此後的十餘年間，

---

〔註6〕〔元〕陳櫟：《書說折衷自序》，《定宇集》卷一，第157頁。
〔註7〕〔元〕陳櫟：《送董季真入閩刊書序》，《定宇集》卷二，第176頁。
〔註8〕〔元〕陳櫟：《尚書蔡氏集傳纂疏自序》，《定宇集》卷一，第157頁。
〔註9〕〔元〕陳櫟：《年表》，《定宇集》，第154頁。

此書代表著其《書》學的研究成就，陳櫟六十二歲的《上張郡守書》〔註10〕
和六十四歲的《上許左丞相書》〔註11〕即有此謂。陳櫟參與了董鼎《書傳輯
錄纂注》的編定工作，一方面加入《書傳折衷》的內容，另一方面為董書作
了刪削的工作，今《輯錄纂注》書前引用書目，陳櫟之書即名為《書傳折衷》。
可知陳櫟當時並未在與董真卿合作《輯錄纂注》之外，有再刊行《纂疏》的
想法。由於學術作風的差異，董真卿後來並未完全按照陳櫟刪定的內容來刊
刻《輯錄纂注》，且未將陳櫟與董鼎並名而刊等諸多原因，導致董真卿與陳
櫟的刻書產生糾紛，最後不歡而散。陳櫟後來獨自刊行《書集傳纂疏》，正
是堅持自身學術立場的表現。〔註12〕

　　陳櫟六十三歲時，元廷推行科舉考試，其《年表》載：「延佑元年甲寅，
先生六十三歲，在瑠溪館。是年，頒行科舉，先生赴浙江鄉試，以《書經》
登陳潤祖榜第十六名」〔註13〕，元代科舉經義一道，各治一經，《尚書》即
以蔡沈《書集傳》為主，作為《書》學名家，考試結果並不十分理想，或許
與因其發揮己見而與《蔡傳》有所偏離。陳櫟全面地為《蔡傳》作纂疏，即
在此次科舉考試之後。陳櫟浙江鄉試之後，延佑元年十一月赴京參加會試，
不料病於途中，於是會鄉守先王之道以傳學者。〔註14〕回鄉後應婺源胡一桂

〔註10〕〔元〕陳櫟：《定宇集》卷十，第299～300頁。
〔註11〕〔元〕陳櫟：《定宇集》卷十，第295～297頁。
〔註12〕說詳許華峰：《從陳櫟〈定宇集〉論其與董鼎〈書傳輯錄纂注〉的關係》，《中
　　　　國文哲研究通訊》1998年第2期，頁61～74。許氏研究指出：《書傳輯錄纂
　　　　注》的編纂，雖早在元世祖至元22年左右（1285）便已開始，但刊行則要遲
　　　　至元仁宗延佑5年（1318），始在董真卿（董鼎之子）和陳櫟的合作下完成。
　　　　在董鼎開始編寫《輯錄纂注》之後約十年左右，陳櫟亦曾著手編著《書解折
　　　　衷》，作為課子的教材。後來因好友胡一桂（1247～1314）的建議，陳櫟始將
　　　　《折衷》改編為《纂疏》。只是當《纂疏》完成約三分之一，由於胡一桂去世，
　　　　陳櫟的編書工作便停了下來。此時，董鼎應當也已經去世。董真卿在刊刻《輯
　　　　錄纂注》之前，曾將書稿質正於當時的學者。其中，與陳櫟商討的時間，約在
　　　　元仁宗延佑2年（1315）。當時，陳櫟曾為《輯錄纂注》作了刪定和增入《折
　　　　衷》的工作，二人亦達成將董鼎與陳櫟同列為作者的共識；但後來董真卿並未
　　　　按照事先的約定，將二人並列為作者，且在內容上亦有許多令陳櫟不滿之處，
　　　　因而到了元泰定帝泰定4年（1327），陳櫟又自行刊刻了《纂疏》一書。（詳許
　　　　華峰：《論陳櫟〈書解折衷〉與〈書蔡氏傳纂疏〉對〈書集傳〉的態度──駁
　　　　正〈四庫全書總目〉的誤解》，收于氏著《董鼎〈書傳輯錄纂注〉研究》附錄
　　　　二，中央大學中國文學研究所博士論文，2000年。）
〔註13〕〔元〕陳櫟：《年表》，《定宇集》，第155頁。
〔註14〕〔元〕陳櫟：《上許丞相書》，《定宇集》卷十，第296頁。

「勉以即《蔡傳》而纂疏之」，是以「延佑三年丙辰，先生六十五歲，冬，編《書經蔡傳纂疏》成」〔註15〕。在短短兩年之間，陳櫟能夠完成《書集傳纂疏》，應當是在《書解折衷》初步「羽翼《蔡傳》」的基礎上，對《蔡傳》所作的更為全面的疏解。《書解折衷》「不盡採《蔡傳》於前」，《纂疏》則完全照錄蔡氏《書集傳》之說於前，再語以「纂疏」二字，下集「諸家之說」疏通《蔡傳》。《四庫提要》云：「是編以疏通蔡傳之意，故命曰『疏』；以纂輯諸家之說，故命曰『纂』」〔註16〕。

四庫館臣據《書解折衷自序》謂陳櫟《書解折衷》「說《書》亦未嘗株守《蔡傳》」，而其《書集傳纂疏》因撰於延祐科舉復科《書》宗《蔡傳》之後，故於《蔡傳》「不敢有所出入」、「有所增補，無所駁正」，與其《書解折衷》舊說迥殊。《四庫提要》謂：

> 考櫟別有《書說折衷》，成於此書之前，今已散佚。惟其序尚載《定宇集》中，稱「朱子說書通其可通，不強通其所難通。蔡氏於難通罕闕焉，宗師說者固多，異之者亦不少。予因訓子，遂撮朱子大旨及諸家之得經本義者，句釋於下，異同之說，低一字折衷之。」則櫟之說《書》亦未嘗株守《蔡傳》，而是書之作乃於《蔡傳》有所增補，無所駁正，與其舊說迥殊。自序稱「聖朝科舉興行，諸經四書一是以朱子為宗，《書》宗《蔡傳》，固亦宜然」云云。蓋延祐設科以後，功令如斯，故不敢有所出入也。〔註17〕

其說不確。〔註18〕其一，羽翼《蔡傳》並不意味著惟《蔡傳》是從，《纂疏》

---

〔註15〕〔元〕陳櫟：《年表》，《定宇集》，第115頁。

〔註16〕〔清〕永瑢等：《四庫全書總目提要》卷十二，中華書局，1965年版，第96頁。

〔註17〕〔清〕永瑢等：《四庫全書總目提要》卷十二，頁96。

〔註18〕許華峰研究指出：《書傳折衷》雖已不傳，但在陳櫟與董真卿合作編纂《輯錄纂注》時，《纂疏》尚未完成，故《輯錄纂注》所引陳櫟的材料，當是出自《折衷》。《書傳折衷》與《書集傳纂疏》二書「不駁蔡」的比例皆在十分之七左右，故就整體而言，二書基本上皆可以視為宗《蔡傳》之作。但宗《蔡傳》雖然是陳櫟的基本立場，卻不能因此認為陳櫟於《蔡傳》完全沒有異說。故《四庫提要》所謂《纂疏》於《蔡傳》「僅有所增補，無所駁正」之說，不能成立。其次，由《折衷》與《纂疏》二書中，陳櫟駁蔡的比例相近，且內容互相承襲的情況可知，四庫館臣所指陳櫟因延祐開科而改變對《蔡傳》的根本立場的說法並不能成立。《纂疏》正如陳櫟自己所強調的，是《折衷》的擴充，延續了《折衷》對《蔡傳》的態度，由此也可以說明《折衷》一書並非專為駁蔡而作。（詳許華峰：《論陳櫟《書解折衷》與《書蔡氏傳纂疏》對《書集傳》的態度——

對朱子的尊崇一仍《書解折衷》，並不迥異。由陳櫟對《書集傳纂疏》命名由來的自述，可見其對朱子的尊崇：

> 標題此書云《尚書蔡氏集傳》，法朱子刊《伊川易傳》標曰《周易程氏傳》，尊經也。首卷有「朱子訂定」四字，不忘本也；自二卷起，無四字，紀實也。〔註19〕

在諸家之說中，陳櫟對朱子《語錄》之說猶為推崇：「今採朱子《語錄》不書錄者姓名，法《近思錄》也。在纂疏內依趙氏《四書纂疏》例也。然《語錄》必居諸說之前，尊先師也。」〔註20〕但其對朱子之說並非毫無抉擇，而只採關涉本章經旨者：「朱子《語錄》發明此傳，而不可無者，載之傳意已明無俟云云。及非說本章經旨者，皆不泛載，務謹嚴也。」〔註21〕其二，《書解折衷》初步羽翼《蔡傳》，並折衷諸家之說附以己見。《纂疏》對《蔡傳》的態度與《書解折衷》亦一脈相承，在以諸家之說疏通《蔡傳》的同時，並以「愚謂」、「愚案」的形式表達《書》學觀點：「每條之下必以朱子之說冠於諸家之前，間附己意則題曰『愚謂』以別之」。〔註22〕

陳櫟《書集傳纂疏》成書於董鼎《書傳輯錄纂注》之前。〔註23〕全書分六

---

駁正《四庫全書總目》的誤解。）許氏此文研究側重點在於通過對《書傳折衷》、《書集傳纂疏》有關駁正《蔡傳》相關資料的對比研究，以駁《四庫提要》之誤，且其於文末列有數表詳實統計指出《書傳輯錄纂注》、《書集傳纂注》引用陳櫟、胡一桂條數，駁蔡條數，並指出各篇駁蔡條文之出處，頗有參考價值。值得指出的是，此文雖指出《四庫提要》之誤，但沒有對陳櫟《書集傳纂疏》作專門研究，從而全面揭示其「羽翼發明」、「增益補闕」《蔡傳》之具體內容和特徵所在。許育龍在經學史、學術史的視野下探討蔡沈《書集傳》在宋末、元代、明初「文本闡釋的衍變」以及「經典地位的生成」，第四章論說《書集傳》在元代的經典化過程論及陳櫟《書集傳纂疏》亦僅簡略勾勒，研究亦尚未深入。（說詳許育龍：《宋末至明初蔡沈〈書集傳〉文本闡釋與經典地位的提升》，第140～150頁。）楊芳對陳櫟駁正《蔡傳》雖有所舉證，然研究亦甚簡略。（楊芳：《陳櫟〈書集傳纂疏〉研究》，重慶師範大學碩士論文，2016年。）可以說，學界有關陳櫟《書集傳纂注》深入全面具體之研究尚付闕如，有待開展。本文即為補學界研究陳櫟《書集傳纂疏》之不足。

〔註19〕〔元〕陳櫟：《尚書蔡氏集傳纂疏自序》，《定宇集》卷一，第158頁。
〔註20〕〔元〕陳櫟：《尚書蔡氏集傳纂疏自序》，《定宇集》卷一，第158頁。
〔註21〕〔元〕陳櫟：《尚書蔡氏集傳纂疏自序》，《定宇集》卷一，第158頁。
〔註22〕〔清〕永瑢等：《四庫全書總目提要》卷十二，第96頁。
〔註23〕許育龍對陳櫟《書集傳纂疏》的體例及成書時間有詳實的考論，筆者有所參據，不再贅述。（參氏著：《宋末至明初蔡沈〈書集傳〉文本闡釋與經典地位的提升》，第四章《書集傳》在元代的經典化過程，第144～150頁。）

卷，書前有蔡沈《書集傳序》、陳櫟《《尚書蔡氏集傳纂疏》自序》、《書蔡氏傳纂疏凡例》、《讀《尚書》綱領》、《尚書序》及《小序》編為一篇。後為卷一《虞書》、卷二《夏書》、卷三《商書》、卷四《周書》（《泰誓》至《梓材》）、卷五《周書》（《召誥》至《立政》）、卷六《周書》（《周官》至《泰誓》），除將《小序》置前之外，各卷收錄篇章於編排次序均與蔡沈《書集傳》相同。每篇之下，於《尚書》正文後，先列蔡沈《書集傳》內容，次列「纂疏」。「纂疏」內容有各家之說及己說兩部分，如若取朱子說法則置於諸說之前，以表尊崇，諸說當中將己說置於最末。此書不含朱子及陳櫟己說，共引用約 140 家說法。引用百次以上有 6 人，呂祖謙 214 次、陳大猷 179 次、林之奇 154 次、孔安國傳 139 次、孔穎達疏 104 次、陳經 103 次。另，王氏 64 次、真德秀 54 次。陳櫟以「愚謂」、「愚按」形式表達己見，共 400 餘條之多，不計注音切語，共有 385 條，其中直接指出與《蔡傳》有關文字有 46 條，贊成《蔡傳》者有 10 條，反對《蔡傳》者 22 條。除了引諸家之說後加以評論外，陳櫟也有不引他說而直接表達自己看法之處。

　　蔡沈《書集傳》嚴守朱子《書》學詮釋理念，堅持考辨《尚書》名物訓詁，旨在發明義理，探求聖人之心。陳櫟疏解《蔡傳》即主要在兩個方面：一、在纂集諸家之說的基礎上，從釋訓詁、地理、史實、名物、制度、解章意等方面探研《蔡傳》：或「考《蔡傳》之本」、或「闕《蔡傳》之疑」、或「論《蔡傳》之憂」、或「駁《蔡傳》之非」。二、陳櫟貫徹朱子、蔡沈《書集傳》以理學解《書》「探尋二帝三王之心」的原則，對「人心道心」、「天理人欲」、「皇極」、「體用」等學說作闡說，發表其《書》學見解，尤其是通過其《尚書》學義理詮釋，為理學「仁」、「誠」、「敬」、「天地之性」、「氣質之性」等核心概念探尋《尚書》的經典依據，頗為獨到，限於篇幅和研究角度，筆者另撰文探究。而前者集中體現陳櫟《書集傳纂注》「增益補闕」、「羽翼發明」蔡沈《書集傳》的特徵，故本文著重就此層面作探討。

# 一、考《蔡傳》之本

　　蔡沈《書集傳》作為宋代朱子學派《書》學代表作，博採眾納漢宋諸家《書》說，並加以融會貫通，其自言：「沈自受讀以來，沉潛其義，參考眾說；融會貫通，乃敢折衷；微辭奧旨，多述舊聞。……《集傳》本先生所命，故凡引用師說，不復識別。」〔註24〕「參考眾說」指歷代《書》解；「多述舊聞」

〔註24〕〔宋〕蔡沈撰，錢宗武、錢忠弼整理：《書集傳》，鳳凰出版社，2010 年版，

包括前人舊說和朱子的《書》學觀點。此書以「集傳」為名，為集諸家之說而成的「集注體」經注，《書集傳》直接吸收朱子的觀點不再標明，而引述前人舊說雖有不少直引之處，但更多的是隱括諸家之說以成己意，並未言明其所自出。〔註25〕陳櫟疏解《蔡傳》，考辯《蔡傳》之所本是一個重要方面。據陳櫟考察，《蔡傳》所本主要有王安石、蘇東坡、林之奇、呂祖謙、夏僎、陳大猷、陳經，以及朱子和其父蔡元定等宋儒諸家，也有本漢孔安國之說者。舉諸例如下：

　　**本林之奇《尚書全解》**。如，《大禹謨》「曰若稽古，大禹曰：『文命敷於四海』，祗承於帝曰：『後克艱厥後，臣克艱厥臣，政乃乂，黎民敏德』」，「祗承於帝」，《蔡傳》云：

　　　　帝謂舜也。「文命敷於四海」者，即《禹貢》所謂「東漸」、「西被」，「朔南暨聲教訖於四海者」是也。史臣言禹既已布其文教於四海矣，於是陳其謨以敬承於舜，如下文所云也。〔註26〕

《纂疏》云：

　　　　孔氏曰：「外布文德教命，內則敬承堯舜。」林氏曰：「祗承於帝，當與下文曰字相繼讀，陳謨以敬承於帝舜，謨即克艱以下是也。」
　　　　《蔡傳》實用林說。〔註27〕

考林之奇《尚書全解》卷四，〔註28〕《蔡傳》「陳其謨以敬承於舜」的說法，

第1～2頁。
〔註25〕許華峰對蔡沈《書集傳》所引據的資料有精細探討，尤其對蔡沈未注明出處的部分，進行較精密的比對與溯源，突顯出此書為「集注體」經注。他研究指出，蔡沈《書集傳》引據前人著作，可考者多達147種。其中以《孔傳》（568次）、《尚書正義》（190次）、呂祖謙《東萊書說》（186次）、林之奇《尚書全解》（151次）、蘇軾《東坡書傳》（130次）、王安石《尚書新義》（37）、吳棫《書稗傳》（26）、曾旼《尚書講義》（13）、晁說之（10次）、夏僎《尚書詳解》（32）諸家，數量較多。諸家之中，又以《孔傳》、《尚書正義》、《東萊書說》（呂祖謙）、《尚書全解》（林之奇）、《東坡書傳》（蘇軾）的數量最多。此情形與朱熹對蔡沈所作的指導一致。（說詳許華峰：〈蔡沈《書集傳》所引據的資料分析〉，《東華漢學》2012年第16期，第207～208頁。）許文未注意到陳櫟考《蔡傳》之所本的相關說法。
〔註26〕〔元〕陳櫟：《書集傳纂疏》卷一，《通志堂經解》第7冊，廣陵書社影印1993年版，第43頁。
〔註27〕〔元〕陳櫟：《書集傳纂疏》卷一，第43頁。
〔註28〕〔宋〕林之奇：《尚書全解》卷四，《景印文淵閣四庫全書》第55冊，臺北：臺灣商務印書館1986年版，第71頁。

即本之於此。對孔安國「敬承堯舜」說，林之奇非之。

又，《益稷》「州十有二師，外薄四海，咸建五長，各迪有功，苗頑弗即工，帝其念哉」，《蔡傳》云：

> 十二師者，每州立十二諸侯以為之師，使之相牧以糾群后也。薄，迫也。九州之外迫於四海，每方各建五人以為之長而統率之也。聖人經理之制，其詳內略外者如此。即，就也。謂十二師、五長，內而侯牧，外而蕃夷，皆蹈行有功。惟三苗頑慢不率，不肯就工，帝當憂念之也。〔註29〕

《纂疏》云：

> 孔氏曰：「治水一州，用三萬人，九州二十七萬人。」呂氏曰：「每州各立一師，十二州十二師，如十二牧養民曰牧，為一州師帥曰師。」王氏炎曰：「薄，迫近也。從京師外近四海，此九州外也。王制五國以為屬，屬有長即五長也。咸建內外皆建也。九州之內有師有長，九州之外無師有長，詳內略外也。」夏氏曰：「洪水未平，九功未敘，人救死不贍，何暇迪德舜？謂今天下所以迪行吾德，而各迪有功者，實汝功惟敘之故。象方敬承汝功之敘，又慮迪德者，急方明示象刑以警之，則已迪德者益勉未迪德者，益畏而勉矣。此如九功惟敘而董之，用威不容已也。」……愚謂：州十二師之說，孔氏說非，呂說差勝。蔡氏云「每方各建五人」為長，說本林氏。王說較優。禹欲帝不恃刑威之用而益廣明德之，及以丹朱為帝戒復以己之懲朱繼之，末言天下皆順，而苗獨頑，若以為不止庶頑之頑者，欲帝念之也。〔註30〕

考林之奇《尚書全解》卷六，其於「每州建十二諸侯以為之師」說，辨之已詳，是說首出鄭玄。〔註31〕陳櫟謂《蔡傳》「每方各建五人」說本林之奇，林氏論「五服之制」云：「洪水未平之前，上古帝王之世已有其制矣。洪水之後，下民昏墊，則五服之制於是圮壞而無別。禹既平洪水，至於九州攸同，庶土交正，於是輔成其五服之制以復其舊。」〔註32〕陳櫟論孔安國說之非，林之奇亦有之。陳櫟所謂「王說較優」，應指王安石。

---

〔註29〕〔元〕陳櫟：《書集傳纂疏》卷一，第 47 頁。
〔註30〕〔元〕陳櫟：《書集傳纂疏》卷一，第 47~48 頁。
〔註31〕〔宋〕林之奇：《尚書全解》卷六，第 122 頁。
〔註32〕〔宋〕林之奇：《尚書全解》卷六，第 121 頁。

本王安石《尚書新義》。如，《洛誥》「周公拜手稽首曰：『朕復子明辟』」，《蔡傳》云：

「復」如逆復之復。成王命周公往營成周，周公得卜，覆命於王也。謂成王為子者，親之也；謂成王為「明辟」者，尊之也。周公相成王，尊則君，親則兄之子也。「明辟」者，明君之謂。先儒謂成王幼，周公代王為辟，至是反政成王，故曰「復子明辟」。夫有失，然後有復。武王崩，成王立，未嘗一日不居君位，何復之有哉？《蔡仲之命》言「周公位冢宰，正百工」，則周公以冢宰總百工而已，豈不彰彰明甚矣乎？王莽居攝，幾傾漢鼎，皆儒者有以啟之。是不可以不辨。〔註33〕

《纂疏》云：

孔氏曰：「周公言我復還明君之政於子。子，成王。」王氏安石曰：「『復』，如復逆之復。成王命公往營成周公得卜覆命於王。曰『子』，親之也。曰『明辟』，尊之也。先儒以周公代王為辟，至是反政。以《書》考之，周公位冢宰正百工而已，未嘗代王為辟，何復之有？」按：闢孔注始於荊公。《蔡傳》採之。〔註34〕

《蔡傳》謂「周公未嘗在君位，無所謂復」，說本於王安石。蔡、王二氏所謂「先儒」即指孔安國。據《尚書》考之，《蔡仲之命》「周公位冢宰正百工而已」說可闢孔注之誤。孔說為王莽所用，危害甚大，陳櫟進一步論辨：「愚按：王莽廢漢孺子嬰為定安公，執其手流涕曰：『昔周公攝位終得復子明辟，今予獨迫皇天威命，不得如意。』蓋因孔氏釋經之誤，莽遂藉此以文其奸云。」〔註35〕

本呂祖謙《東萊書說》。如，《多士》「惟帝不畀，惟我下民秉為，惟天明畏」，《蔡傳》云：

秉，持也。言天命之所不與，即民心之所秉為。民心之所秉為，即天威之所明畏者也。反覆天民相因之理，以見天之果不外乎民，民之果不外乎天也。《詩》言「秉彝」，此言「秉為」者，「彝」以理言，「為」以用言也。〔註36〕

《纂疏》云：

---

〔註33〕〔元〕陳櫟：《書集傳纂疏》卷五，第 80 頁。
〔註34〕〔元〕陳櫟：《書集傳纂疏》卷五，第 80 頁。
〔註35〕〔元〕陳櫟：《書集傳纂疏》卷五，第 80 頁。
〔註36〕〔元〕陳櫟：《書集傳纂疏》卷五，第 82 頁。

孔氏曰：「惟天不與紂，惟我下民秉心為我，皆是天明可畏之效。」愚按：蔡本呂說。今述孔注，謂天自於民，民心所歸，即天命所在。以天不畀，殷民秉心，為周觀之，豈非天明畏之驗哉？既曰「惟天不畀」，又曰「惟帝不畀」，既曰「將天明威」，又曰「惟天明畏」。反覆以天命之去留曉殷士，而潛消其覬覦猜疑之私耳。〔註37〕呂祖謙《東萊書說》云：「『惟帝不畀，惟我下民秉為，惟天明畏』者，前既言『惟天不畀』矣，復告之以不畀之理豈在外哉？是乃我下民所秉之為善善惡惡，確然不可易者也，下民之為是，乃上天之明畏也。『秉為』即『秉彝』，《詩》言其體，此言其用也。」〔註38〕蔡說當本此。陳櫟引孔說論《蔡傳》「天命」、「民心」相因之說。

本夏撰《尚書詳解》。如，《立政》「亦越武王，率惟敉功，不敢替厥義德，率惟謀，從容德，以並受此丕丕基」，《蔡傳》云：

> 率，循也。敉功，安天下之功。義德，義德之人。容德，容德之人。蓋義德者，有撥亂反正之才。容德者，有休休樂善之量，皆成德之人也周公。上文言武王率循文武之功，而不敢替其所用。義德之人，率循文王之謀而不敢違，其容德之士，意如虢叔閎夭散宜生泰顛南宮括之徒，所以輔成王業者，文用之於前，武任之於後，故周公於《君奭》言五臣克昭文王受有殷命，武王惟茲四人尚迪有祿，正猶此敉，文武用人而言並受此，丕丕基也。〔註39〕

《纂疏》云：

> 孔氏曰：「亦於武王循，惟文王撫安天下之功，不敢廢其義德，又循惟文王寬容天下之德。」呂氏曰：「文王一怒而安天下之民，安民即敉功。一怒，義德也。武王亦一怒安民，所以率，惟不敢替也。肆不殄厥慍，亦不殞厥問，文王之容德也。容德，聖人本心。故『率惟謀』、『從義德』，非聖人所專任，故迫於不得已而不敢替焉。」愚案：蔡氏本夏氏說，承上文用人而言，乃不改父之臣之意。真氏亦採之。然深玩繹文意，曰「不敢替厥」、曰「率惟謀」，從孔呂之說

〔註37〕〔元〕陳櫟：《書集傳纂疏》卷五，第 82 頁。
〔註38〕〔宋〕呂祖謙：《增訂東萊書說》卷二十四，《景印文淵閣四庫全書》第 57 冊，臺灣商務印書館 1986 年版，第 361 頁。
〔註39〕〔元〕陳櫟：《書集傳纂疏》卷五，第 88 頁。

為得本來語意之實耳。〔註40〕

夏僎《尚書詳解》云：「一說以此義德為賢才之有義德者，容德為賢才之有容德者。謂武王循思文王安天下之功，故於人之有義德者用之而不敢廢；循思文王治天下之謀，故於人之有容德者從之而不敢違。蓋欲弔民伐罪，當仗義而興，故救功言義德有大量者能就大謀，胸次淺狹則謀不及遠，故謀言容德。此說尤長，以其切於立政任人之意故也。」〔註41〕《蔡傳》說本夏氏。但在陳櫟看來，此說雖承上文用人之論，但深深玩味，孔安國、呂祖謙文王「容德」、「義德」說，為得本章的原意。

本朱子《語錄》者。〔註42〕如，《說命下》「惟斅學半，念終始典於學，厥德修罔覺」，《蔡傳》云：

> 斅，教也，言教人居學之半。蓋道積厥躬者，體之立教學於人者用之行，兼體用，合內外，而後聖學可全也。始之自學，學也，終之教人，亦學也。一念終始，常在於學，無少間斷，則德之所修，有不知其然而然者矣。或曰：受教亦曰斅，斅於為學之道半之半，須自得此說，極為新巧，但古人論學，語皆平正的實。此章句數非一不應，中間一語獨爾險巧，此蓋後世釋教機權，而誤以論聖賢之學也。〔註43〕

《纂疏》云：

> 「『惟斅學半』，蓋己學既成，居於人上，則須教人。自學，學也，教人亦學也。初學得者是半，既學而推以教人，與之講說，已亦因此溫得此段文義，是教之功亦半也。『念終始典於學』，始之所以學者，學也；終之所以教人者，亦學也。自學、教人，無非是學，自始至終，日日如此，忽不自知其德之修也。間錄。」《蔡傳》實本此錄。〔註44〕

---

〔註40〕〔元〕陳櫟：《書集傳纂疏》卷五，第 88～89 頁。

〔註41〕〔宋〕夏僎：《尚書詳解》卷二十二，《景印文淵閣四庫全書》第 56 冊，臺灣商務印書館 1986 年版，第 876 頁。

〔註42〕按：《蔡傳》本《朱子語類》甚多，陳櫟以引《語類》疏解《蔡傳》，表明朱、蔡之間傳承關係。（詳參陳良中：《朱子尚書學研究》，人民出版社，2013 年版，第 212～213 頁。）陳櫟此處明言《蔡傳》本《語錄》。

〔註43〕〔元〕陳櫟：《書集傳纂疏》卷三，第 63 頁。

〔註44〕〔元〕陳櫟：《書集傳纂疏》卷三，第 63 頁。

《蔡傳》乃本朱子《語錄》。〔註45〕

本朱子《文集》〔註46〕。如，《洪範》「五、皇極：皇建其有極，斂時五福，用敷錫厥庶民，惟時厥庶民於汝極，錫汝保極」，「皇極」，《蔡傳》云：

> 皇，君。建，立也。極，猶北極之極，至極之義，標準之名，中立而四方之所取正焉者也，言人君當盡人倫之至。語父子，則極其親，而天下之為父子者於此取則焉。語夫婦，則極其別，而天下之為夫婦者於此取則焉。語兄弟，則極其愛，而天下之為兄弟者於此取則焉。以至一事一物之接一言一動之發，無不極其義理之當然，而無一毫過不及之差，則極建矣。極者，福之本。福者，極之效。極之所建，福之所集也。人君集福於上，非厚其身而已，用敷其福以與庶民，使人人觀感而化。〔註47〕

《纂疏》引朱子《文集》《皇極辨》及朱子《語類》說羽翼《蔡傳》。《蔡傳》說本朱子《皇極辨》。

本父蔡元定說。如，《洪範》「惟時厥庶民於汝極，錫汝保極」，《蔡傳》云：

> 所謂斂，錫也。當時之民，亦皆於君之極與之保守，不敢失墜。所謂錫，保也。言皇極，君民所以相與者如此也。〔註48〕

《纂疏》云：

> 錫汝保極，蔡西山曰：「民享君之福，所以歸於君之極，而與君保此極也。」九峰蓋用父說，而略師說。辨中不免析「錫汝」與「保極」為二義，然《語錄》一條又與蔡說合云。〔註49〕

蔡沈釋「錫汝保極」實從父蔡元定之說。

又，《洪範》「曰皇極之敷言，是彝是訓，於帝其訓」，《蔡傳》云：

> 敷言，上文敷衍之言也。言人君以極之理而反覆推衍為言者，是天下之常理，是天下之大訓，非君之訓也，天之訓也。蓋理出乎天，言純乎天，則天之言矣，此贊敷言之妙如此。〔註50〕

---

〔註45〕〔宋〕朱熹撰；朱傑人、嚴佐之、劉永翔主編：《朱子語類》卷七十九，《朱子全書》第17冊，上海古籍出版社，安徽教育出版社，2002年版，第2700頁。

〔註46〕按：《蔡傳》本朱子《文集》者亦甚多，今僅錄一條以見。

〔註47〕〔元〕陳櫟：《書集傳纂疏》卷四上，第69頁。

〔註48〕〔元〕陳櫟：《書集傳纂疏》卷四上，第69頁。

〔註49〕〔元〕陳櫟：《書集傳纂疏》卷四上，第69頁。

〔註50〕〔元〕陳櫟：《書集傳纂疏》卷四上，第70頁。

《纂疏》云：

> 西山蔡氏曰：「敷，衍也。皇極之敷言，即上文無偏無陂以下之言也。反覆推演，故謂之敷言。是天下之常經，而古今之大訓，皆天理之自然。蓋天所錫禹者，所謂於帝其訓也。」愚案：蔡氏此條不宗師說，而略用父說。〔註51〕

《蔡傳》「以極之理而反覆推衍為言」，說本父蔡西山。

**本孔安國傳。** 如，《說命上》「爰立作相，王置諸其左右」，《蔡傳》云：

> 於是立以為相，案《史記》「高宗得說與之語，果聖人，乃舉以為相。」《書》不言，省文也。未接語而遽命相，亦無此理，置諸左右，蓋以冢宰兼師保也。〔註52〕

《纂疏》云：

> 愚謂：置左右不徒相之，而必親近之也。蔡氏謂「以冢宰兼師保」，其據《君奭》小序：「召公保，周公師，相王為左右」之語乎。〔註53〕

《蔡傳》「蓋以冢宰兼師保也」，說本孔安國《君奭》小序。〔註54〕

又，《多士》「惟三月，周公初於新邑洛，用告商王士」，《蔡傳》云：

> 三月，成王祀洛次年之三月也。周公至洛久矣，此言初者，成王既不果遷，留公治洛。至是公始行治洛之事，故謂之初也。〔註55〕

《纂疏》云：

> 孔氏曰：「周公致政，明年三月也。」……愚謂，蔡氏從孔氏。以此三月為祀洛次年之三月，皆以《書》之篇次意之耳。按《召誥》《洛誥》及脫簡在《康誥》之日月，周公正以七年三月至洛，此之三月即彼之三月也，得卜經營之時，便告商士，此專為告商士而作。故史自錄為一書，而次之《洛誥》之後，七年無兩七年，三月亦無兩三月也。陳氏傅良曰：「此一篇皆稱王若曰，則是相宅年之三月作之，此不待辨而知也。」〔註56〕

---

〔註51〕〔元〕陳櫟：《書集傳纂疏》卷四上，第79頁。

〔註52〕〔元〕陳櫟：《書集傳纂疏》卷三，第62頁。

〔註53〕〔元〕陳櫟：《書集傳纂疏》卷三，第62頁。

〔註54〕〔漢〕孔安國傳、〔唐〕孔穎達疏；廖名春、陳明整理：《尚書正義》卷十五，北京大學出版社，1999年版，第438頁。

〔註55〕〔元〕陳櫟：《書集傳纂疏》卷五，第82頁。

〔註56〕〔元〕陳櫟：《書集傳纂疏》卷五，第82頁。

《蔡傳》「次年之三月」說本孔安國傳。陳櫟據《召誥》「惟太保先周公相宅，越若來三月」、《洛誥》「惟周公誕保文武受命，惟七年」、《康誥》「惟三月哉生魄」之說為證，所謂「三月」即「周公攝政七年之三月」。

又，《康誥》：「王曰：『封，元惡大憝，矧惟不孝不友。子弗祗服厥父事，大傷厥考心；於父不能字厥子，乃疾厥子。於弟弗念天顯，乃弗克恭厥兄；兄亦不念鞠子哀，大不友於弟。惟弔茲，不於我政人得罪，天惟與我民彝大泯亂。曰：乃其速由文王作罰，刑茲無赦』」，《蔡傳》云：

> 大憝，即上文之「罔弗憝」。言寇攘奸宄，固為大惡而大可惡矣，況不孝不友之人，而尤為可惡者。當商之季，禮義不明，人紀廢壞。子不敬事其父，大傷父心，父不能愛子，而乃疾惡其子。是父子相夷也。天顯，猶《孝經》所謂「天明」，尊卑顯然之序也。弟不念尊卑之序，而不能敬其兄；兄亦不念父母鞠養之勞，而大不友其弟，是兄弟相賊也。父子兄弟至於如此，苟不於我為政之人而得罪焉？則天之與我民彝，必大泯滅而紊亂矣。曰者，言如此，則汝其速由文王作罰，刑此無赦，而懲戒之不可緩也。〔註57〕

《纂疏》云：「此章孔注甚明，《蔡傳》從之。」〔註58〕孔安國《傳》云：

> 大惡之人，猶為人所大惡，況不善父母、不友兄弟者乎？言人之罪惡莫大於不孝不友。為人子不能敬身服行父道，而怠忽其業，大傷其父心，是不孝。於為人父不能字愛其子，乃疾惡其子，是不慈。於為人弟不念天之明道，乃不能恭事其兄，是不恭。為人兄亦不念稚子之可哀，大不篤友於弟，是不友。惟人至此不孝不慈弗友不恭，不於我執政之人得罪乎？道教不至所致。天與我民五常，使父義母慈兄友弟恭子孝而廢棄不行，是大滅亂天道。言當速用文王所作違教之罰，刑此亂五常者，無得赦。〔註59〕

《蔡傳》說本乎孔安國《傳》。

又，《洪範》「於其無好德，汝雖錫之福，其作汝用咎」，《蔡傳》云：

> 於其不好德之人，而與之以祿，則為汝用咎惡之人也。此言祿

---

〔註57〕〔元〕陳櫟：《書集傳纂疏》卷四，第76頁。

〔註58〕〔元〕陳櫟：《書集傳纂疏》卷四，第76頁。

〔註59〕〔漢〕孔安國傳、〔唐〕孔穎達疏；廖名春、陳明整理：《尚書正義》卷十四，第367頁。

以與賢，不可及惡德也。〔註60〕

《纂疏》云：

> 「至於無有好德之心，而後始欲教之以修身，勸之以求福，則已無及於事。而其起以報汝，惟有惡而無善矣。」〔註61〕……案此條與《辨》異。愚案：「汝則錫之福」、「汝雖錫之福」二福字，只當「與斂時五福」一樣說，蔡氏蓋用孔注爵祿之說也。「作汝用咎」，《辨》外添一「報」字，《蔡傳》較優。無好德則福之本已撥，君雖錫之彼無以受之矣。〔註62〕

孔安國《傳》云：「於其無好德之人，汝雖與之爵祿，其為汝用惡道，以敗汝善」〔註63〕，《蔡傳》以「祿」釋「福」本孔氏。陳櫟所謂《辨》即朱子《皇極辨》，其釋「其作汝用咎」為「報汝惟有惡」，以「報」釋「作」；孔、蔡釋「作」為「為」，「其作汝用咎」意為「為汝用惡人」，二者意蘊大有不同。陳櫟以孔蔡之說為優，未詳孰據。其實，朱子以「報」釋「作」有其依據，今人楊筠如云：「作，讀酢，《禮記‧少儀》注：『酢或為作』」〔註64〕，酢即報也。

　　《四庫提要》評價蔡沈《書集傳》「疏通證明，較為簡易」，〔註65〕傳文較少明言其所自出，由上列舉陳櫟考求《蔡傳》之所本諸例，故學者指出蔡沈《書》說重視漢宋注疏傳統，斟酌王、呂、蘇、林諸家得失，既重義理闡釋，又重訓詁辨偽；既反對僅重傳疏而不問經旨的漢唐積習，又反對僅重義理而忽視訓詁的宋學時弊。〔註66〕洵非虛言。由此可見，蔡沈《書集傳》頗能遵守朱子所指示的注經理念和原則。

## 二、闕《蔡傳》之疑

　　朱子解《書》遵循「闕疑」原則，《語錄》云：「《尚書》文義通貫猶是第

---

〔註60〕〔元〕陳櫟：《書集傳纂疏》卷四上，第70頁。

〔註61〕〔宋〕朱熹撰；朱傑人、嚴佐之、劉永翔主編：《晦庵先生文集（五）》卷七十二，《朱子全書》第24冊，第3455頁。

〔註62〕〔元〕陳櫟：《書集傳纂疏》卷四上，第70頁。

〔註63〕〔漢〕孔安國傳、〔唐〕孔穎達疏；廖名春、陳明整理：《尚書正義》卷十一，第310頁。

〔註64〕楊筠如：《尚書覈詁》卷三，陝西人民出版社，2005年版，第204頁。

〔註65〕〔清〕永瑢等：《四庫全書總目》卷十一，第94頁。

〔註66〕〔宋〕蔡沈撰；錢宗武、錢宗弼整理：《書集傳》，第9頁。

二義。直須見得二帝三王之心，而通其可通，毋強通其所難通，即此數語便參到七八分。」〔註67〕朱子雖曾叮囑蔡沈「《尚書》有不必解者，有須著意解者，有略須解者，有不可解者。」〔註68〕但《蔡傳》為了發揮義理，解《書》卻有不少違背乃師「闕疑」原則，強解其所難通之處。陳櫟解《書》亦尊奉朱子學派解《書》闕疑原則，在援引諸家之說的基礎上，對《蔡傳》解《書》難通之處，採取闕疑的態度。《《尚書蔡氏集傳纂疏》自序》云：「一部《尚書》，朱子於闕疑諄諄言之。今遇可疑處，姑略存舊說，然後明云當闕疑焉。」〔註69〕《纂疏》中《蔡傳》有解釋而陳櫟注明當闕疑的例子約 15 處。試舉數例如下：

釋訓詁之疑。如，《無逸》「周公曰：嗚呼！君子所其無逸」，《蔡傳》云：

> 所，猶處所也。君子以無逸為所，動靜食息，無不在是焉，作輟，則非所謂「所」矣。〔註70〕

《纂疏》云：

> 東萊解「所」為「居」字，先生曰：「若某則不敢如此說，恐有脫字，則不可知。若說不行，而必強立一說，雖若可觀，只恐道理不如此。」孔氏曰：「君子之道所在，其在無逸豫。」呂氏曰：「凡人乍勤乍息，亦有無逸之時，然能暫而不能居非所其無逸者也。惟君子以無逸為所，如魚之於水，鳥之於林，有不可得而離者焉。」陳氏大猷曰：「所若北辰，居其所之所居，而不移動也。」李氏杞曰：「所安也，如止其所安，於無逸也。」愚按：「所其無逸」與「王敬作所不可不敬德」，朱子皆不以處所安居之意釋之，懼其巧也。然呂說盡可喜，外此則孔注之說，林氏亦本之。此外則無說矣。呂說朱子非之，蔡氏仍本之。〔註71〕

《蔡傳》以「處所」釋「所」，本於呂祖謙。但朱子論其說傷於「巧」。陳櫟採納諸家之說存之，不辯是非。

又，《酒誥》「王曰：『封，我西土棐徂邦君御事小子，尚克用文王教，不

〔註67〕〔宋〕朱熹撰；朱傑人、嚴佐之、劉永翔主編：《晦庵先生朱文公續集》卷三，《朱子全書》第 25 冊，第 4717 頁。

〔註68〕〔宋〕朱熹撰；朱傑人、嚴佐之、劉永翔主編：《晦庵先生朱文公文集‧續集》卷三，《朱子全書》第 25 冊，第 4716～4718 頁。

〔註69〕〔元〕陳櫟：《書說折衷自序》，《定宇集》卷一，第 157 頁。

〔註70〕〔元〕陳櫟：《書集傳纂疏》卷五，第 83 頁。

〔註71〕〔元〕陳櫟：《書集傳纂疏》卷五，第 83 頁。

腆於酒，故我至於今，克受殷之命」」，《蔡傳》云：

> 徂，往也。輔佐文王往日之邦君御事小子也。言文王戒酒之教，
> 其大如此。〔註72〕

《纂疏》云：

> 愚按：蔡訓「棐徂」本孔注，然當闕疑。〔註73〕

考孔安國《傳》云：「我文王在西土輔訓往日國君及御治事者」，〔註74〕其以「輔佐往日」釋「棐徂」，《蔡傳》本之。陳櫟謂此說當闕疑，未詳何據。

又，《君奭》「公曰：『君奭！在昔上帝割，申勸寧王之德，其集大命於厥躬』」，《蔡傳》云：

> 申，重。勸，勉也。在昔上帝降割於殷，申勸武王之德，而集
> 大命於其身，使有天下也。〔註75〕

《纂疏》云：

> 夏氏曰：「天勸文王，又勸武王，故曰申勸，如言天覆命武王。」
> 真氏曰：「文王羑里之難，乃天降割以申勸其德也，文王生知本不
> 待勸，天乃降割以勉之，故曰申勸。」愚按：有殷嗣天滅威，與割
> 申勸皆不可通。《記・緇衣》作「周田觀文王之德」，《記》固訛矣，
> 《書》果是乎？寧王，孔注以為文王，蔡氏以為武王，此處必有缺
> 訛。〔註76〕

《蔡傳》以「寧王」為武王，孔注為武王，陳櫟不辯二說之是非，並認為本章此處可能會有缺訛。

又，《立政》「文王惟克厥宅心，乃克立茲常事司牧人，以克俊有德」，《蔡傳》云：

> 文王惟能其三宅之心。能者，能之也。知之至、信之篤之謂。
> 故能立此常任、常伯，用能俊有德也。不言「準人」者，因上章言
> 文王用人，而申「克知三有宅心」之說，故略之也。〔註77〕

---

〔註72〕〔元〕陳櫟：《書集傳纂疏》卷四，第77頁。

〔註73〕〔元〕陳櫟：《書集傳纂疏》卷四，第77頁。

〔註74〕〔漢〕孔安國傳、〔唐〕孔穎達疏；廖名春、陳明整理：《尚書正義》卷十四，第377頁。

〔註75〕〔元〕陳櫟：《書集傳纂疏》卷五，第85頁。

〔註76〕〔元〕陳櫟：《書集傳纂疏》卷五，第85頁。

〔註77〕〔元〕陳櫟：《書集傳纂疏》卷五，第88頁。

《纂疏》云：

> 孔氏曰：「文王惟其能居心。」呂氏曰：「此又極本原以示之。心者，萬事之綱也。君心既安，則經世事業皆此心之建立，舉世人才皆此心之感應也。文王之官繁矣，曷嘗求之外哉。惟能宅心而已。」真氏曰：「不曰克宅厥心，而曰克厥宅心，猶《皋謨》不曰『慎修厥身』，而曰『慎厥身修』也。」愚謂：以宅心為三宅之心，與上文「克知三有宅心」合，為一說，免添出「文王自宅心」一股，豈不甚好。然蔡氏所謂「能其三宅之心」欠順。「克」字下或脫一「知」字，或「知」字誤作「厥」字，則可不如仍孔注為妥，真氏之證極當。〔註78〕

《蔡傳》以「能其三宅之心」釋「克厥宅心」，與上文「克知三有宅心」相合，可備為一說，但陳櫟又謂此說有欠通順，可能是「克」字下脫一「知」字，或「知」字誤作「厥」字的緣故。所以孔安國注「文王惟其能居心」，說較為妥。

解章句之疑。如，《君陳》「狃於奸宄，敗常亂俗，三細不宥」，《蔡傳》云：

> 狃，習也。常，典常也。俗，風俗也。狃於奸宄，與夫毀敗典常壞亂風俗，人犯此三者，雖小罪，亦不可宥。以其所關者大也。此終上章之「宥」。〔註79〕

《纂疏》云：

> 孔氏曰：「罪雖小，三犯不赦。」唐孔氏曰：「言三，再猶可赦也。」愚謂：蔡云「犯此三者」，其以「作內為奸」，「在外為宄」，與「亂常敗俗」為三乎？二孔則謂，有奸宄敗亂，苟三犯，則情罪雖小亦不宥。即刑故無小怙，終賊刑之意也。〔註80〕

蔡氏所謂「犯此三者」，即以「作內為奸」、「在外為宄」、「亂常敗俗」為三罪。二孔所謂「三犯」，乃謂犯「奸宄敗亂之罪」三次。陳櫟此處闕疑。

又，《武成》「惟九年，大統未集，予小子其承厥志」，《蔡傳》云：

> 自為西伯專征，而威德益著於天下。凡九年崩，「大統未集」者，非文王之德不足以受天下，是時紂之惡未至於亡天下也。文王

---

〔註78〕〔元〕陳櫟：《書集傳纂疏》卷五，第88頁。
〔註79〕〔元〕陳櫟：《書集傳纂疏》卷六，第91頁。
〔註80〕〔元〕陳櫟：《書集傳纂疏》卷六，第91頁。

以安天下為心，故予小子亦以安天下為心。此當在「大告武成」之
下。〔註81〕

《纂疏》云：

> 問：「文王不稱王之說。」曰說：「文王不稱王固好，但《書》中
> 不合，有『惟九年大統未集』一句，不知所謂，九年自甚時數起。《史
> 記》於梁惠王三十七年書襄王元年，而《竹書紀年》以為後元年，想
> 得當時文王之事亦類此，故先儒皆以為『自虞芮質成』為受命之元
> 年。」……又案《無逸》言「文王享國五十年」，而此曰「九年大統
> 未集」，世遂有「文王九年稱王而終之」說，歐陽公力辨其不然，佐
> 證甚明，其生不稱王信然矣。九年之說，當有折衷，先儒以虞芮質成
> 之年為元年，一說也。如蔡氏以自為西伯專征之年為元年，又一說也，
> 二說必有一得之。其稱後元年，則梁惠、漢文景皆然矣。〔註82〕

孔穎達疏云：「文王斷虞芮之訟，諸侯歸之，改稱元年。至九年而卒，故云
大業未就也。」〔註83〕即朱子、陳櫟「先儒以虞芮質成之年為元年」之說。
《蔡傳》「文王生時未稱王」說取朱子、歐陽修，但對「九年之說」，《蔡傳》
謂「西伯專征之年為元年」，陳櫟以為可備為一說。

又，《甘誓》「有扈氏威侮五行，怠棄三正，天用勦絕其命。今予惟恭行天
之罰」，《蔡傳》云：

> 威，暴殄之也。侮，輕忽之也。鯀汩五行而殛死，況於威侮之
> 者乎？三正，子、丑、寅之正也。夏正建寅。「怠棄」者，不用正朔
> 也。有扈氏暴殄天物，輕忽不敬，廢棄正朔，虐下背上，獲罪於天。
> 天用勦絕其命，今我伐之，惟敬行天之罰而已。今案此章，則三正
> 迭建，其來久矣。舜協時月正日，亦所以一正朔也。子丑之建，唐
> 虞之前當已有之。〔註84〕

《纂疏》云：

> 呂氏曰：「五行之氣散在天地間，秀者為人，偏者為物，殘民殄

---

〔註81〕〔元〕陳櫟：《書集傳纂疏》卷四，第67頁。
〔註82〕〔元〕陳櫟：《書集傳纂疏》卷四，第67頁。
〔註83〕〔漢〕孔安國傳、〔唐〕孔穎達疏；廖名春、陳明整理：《尚書正義》卷十一，
第291頁。
〔註84〕〔元〕陳櫟：《書集傳纂疏》卷二，第54頁。

物，威侮之實也。」陳氏大猷曰：「凡背五常之道，拂生長斂藏之宜，皆威侮五行也。」孔氏曰：「墮廢天地人之正道，言亂常也。」馬氏融曰：「建子、丑、寅三正也。」林氏曰：「商方有改正朔事，夏以前未有也。此但言其廢三綱五常耳。」夏氏曰：「董仲舒謂『舜紹堯順天道、改正朔』，此非夏以前事乎？」陳氏大猷曰：「使果不用正朔，亦豈應言三正？仲舒所云漢儒多喜言改正朔耳。」王氏炎曰：「夫子論孝，子產論禮，皆曰天之經、地之義、民之行，三正不過如此。堯授時以寅為正月，舜禹因之，堯舜之前安有子丑二正？」程氏大昌曰：「創建丑子，惟商周耳。自唐迄夏，即皆建寅。」高堂隆謂「舜更堯歷，首歲以子，堯同少吳，首歲以亥，皆不與《詩》《書》合，不足據也。」愚案：三正有二說，未知孰是，姑兩存之，以俟來哲。行夏之時，夫子只就三代說耳。威侮五行，或謂侮五行之理，如仁為木之神、愛之理之類，是慢五常也。怠棄三正，是棄三綱也。蔡氏以「暴殄天物」為「威侮五行」，是偏以「質具於地」之五行言。陳氏兼以「氣行於天」之五行與「五行之理」言。〔註85〕

《蔡傳》以「子、丑、寅」釋「三正」，此承馬融之說。孔安國、王炎以「天、地、人」釋之，陳櫟謂二說未詳孰是，而應闕疑。陳櫟提出自己的見解，以「威侮五行」為「侮五行之理」、「怠棄三正」為「棄三綱」，並認為《蔡傳》以「暴殄天物」為「威侮五行」，是偏以「質具於地」之五行而言。

又，《洪範》「八，庶徵：曰雨，曰暘，曰燠，曰寒，曰風。曰時五者來備，各以其敘，庶草蕃廡」，《蔡傳》云：

> 雨、暘、燠、寒、風，各以時至，故曰時也。〔註86〕

《纂疏》云：

> 問：「『八，庶徵曰時』，林氏取蔡氏元度說，謂是歲、月、日之時。自『五者來備』以下，所以申言雨、暘、寒、燠、風之義。自『王省惟歲』而下，所以申言『曰時』之義。竊謂，此『時』字當如孔氏『五者各以其時』之說為長。林氏徒見『時』字與『雨暘』等並列為六，遂以此『時』字為贅。古人之言如此類者多，如仁義禮智是為四端，加一信字則為五常，非仁義禮智外別有所謂信也。時之

---

〔註85〕〔元〕陳櫟：《書集傳纂疏》卷二，第54頁。
〔註86〕〔元〕陳櫟：《書集傳纂疏》卷四，第71頁。

在庶徵，猶信之在五常，如何？」先生曰：「林氏說只與古說無異，但謂有以『歲』而論其時與不時者，有以『月』而論其時與不時者，有以『日』而論其時與不時者，可更推之。舊說謂『五者以時至』，但下文『休徵為時』、『咎徵為恒』，下應獨舉『休徵』。且方自『庶徵』，何得遽言『時』耶？」……徽庵曰：「庶徵之目六，有氣與侯之分，雨、暘、燠、寒、風，五行之氣也。時，五行之侯也。『五者來備』以下言庶徵之氣。時，謂歲、月、日時之時。『王省惟歲』以下言庶徵之侯。『氣』以驗皇極之得失，『侯』則並驗卿士師尹庶民之得失也。一得一失，有則俱有，氣侯之以類應者亦如之，不必如漢儒《五行志》之支離也。」愚案：「日時」有二說，孔氏謂「雨、暘、燠、寒、風，五者各以其時」，但該後一半不著。徽庵本林氏說，以氣侯分之，其論遂闊大該貫。然孔說亦當存之。〔註87〕

《蔡傳》將「曰時」與「雨、暘、燠、寒、風」，並立為六，釋「時」為「各以時至」本孔安國傳，陳櫟謂，此解與本章後半部分的文義實難貫通，也即朱子《語錄》所謂的「雨、暘、燠、寒、風」後，遽續以「曰時」，較顯突兀。《語錄》又謂：既然此處謂庶徵「各以時至」，下文只該獨舉「休徵為時」，而不應舉「咎徵為恒」。孔蔡說雖值得商榷，但可備為一說。

又，《大誥》「爾庶邦君越庶士、御事，罔不反曰：『艱大，民不靜，亦惟在王宮邦君室。越予小子考翼不可徵，王害不違』」，《蔡傳》云：

> 此舉邦君、御事不欲徵，欲王違卜之言也。邦君、御事無不反曰，艱難重大，不可輕舉。且民不靜，雖由武庚，然亦在於王之宮、邦君之室。謂三叔不睦之故，實兆釁端，不可不自反。害，曷也。越我小子與父老敬事者皆謂不可徵，王曷不違卜而勿徵乎？〔註88〕

《纂疏》云：

> 愚案：「越予小子考翼不可徵」，據蔡氏則以「小子」為邦君等之自稱，以「考翼」為父老所敬事者。據諸說則以「小子」為「成王」，自言接上文說來，謂是在王之宮、邦君之室。及我小子之身，當考成其翼，敬以自反而已，不可徵也。二說皆未為的當。此「考翼不可徵」，與下文「厥考翼其肯曰」，兩考翼可也。他做此，能一

---

〔註87〕〔元〕陳櫟：《書集傳纂疏》卷四，第71頁。
〔註88〕〔元〕陳櫟：《書集傳纂疏》卷四，第74頁。

樣說而皆通乃可耳。大抵周誥聱牙又多訛缺，不可強通。姑解其大略而缺此等處。〔註89〕

《蔡傳》釋「小子」為邦君等的自稱，以「考翼」為父老所敬事者。又有以「小子」為「成王」，「考翼」為「敬以自反」。在陳櫟看來，二解並不確當，此處「考翼」，與下文「厥考翼其肯曰」，皆當存疑，原因在於尚書年代久遠又多訛缺，不可強為訓解，而應存其大略即可。

又，《召誥》「今王嗣受厥命，我亦惟茲二國命，嗣若功。王乃初服」，《蔡傳》云：

> 今王繼受天命，我謂亦惟此夏、商之命，當嗣其有功者。謂繼其能敬德而歷年者也。況王乃新邑初政，服行教化之始乎？〔註90〕

《纂疏》

> 愚謂：「王乃初服」者，善始可以占終，法二國之敬德，而歷年尤當謹於初服也，此句呂蔡以屬上章。孔、朱、真、陳以冠下章，使與「初生」、「初服」、「宅新邑」為一套，亦通。但此句實結上生下，「若生子」一段言語實因此句而申明之。〔註91〕

《蔡傳》以「王乃初服」屬上章，而孔、朱、真、陳以冠下章，陳櫟謂二者皆通。但以冠下章似乎更為確切，因為此句為實結上而生下之語。

成篇時間之疑。如，《康誥》，《蔡傳》云：

> 案：《書序》以《康誥》為成王之書。今詳本篇，康叔於成王為叔父，成王不應以弟稱之。說者謂周公以成王命誥，故曰弟。然既謂之「王若曰」，則為成王之言，周公何遽自以弟稱之也？且《康誥》、《酒誥》、《梓材》三篇，言文王者非一，而略無一語以及武王，何邪？說者又謂「寡兄勗」為稱武王，尤為非義。「寡兄」云者，自謙之辭，寡德之稱。苟語他人，猶之可也，武王，康叔之兄，家人相語，周公安得以武王為寡兄而告其弟乎？或又謂，康叔在武王時尚幼，故不得封然，康叔武王同母弟，武王分封之，時年已九十，安有九十之兄同母弟尚幼不可封乎？且康叔文王之子，叔虞成王之弟，周公東征，叔虞已封於唐，豈有康叔得封反在叔虞之後，必無是理

---

〔註89〕〔元〕陳櫟：《書集傳纂疏》卷四，第74頁。
〔註90〕〔元〕陳櫟：《書集傳纂疏》卷五，第80頁。
〔註91〕〔元〕陳櫟：《書集傳纂疏》卷五，第80頁。

也？又案《汲冢周書・克殷篇》言王即位於社南，群臣畢從毛，叔鄭奉明水，衛叔封傳禮，召公奭贊采，師尚父牽牲。《史記》亦言「衛康叔封布茲」，與《汲書》大同小異。康叔在武王時非幼，亦明矣。特序《書》者，不知《康誥》篇首四十八字為《洛誥》脫簡，遂因誤為成王之書。是知《書序》果非孔子所作也。《康誥》、《酒誥》、《梓材》篇次當在《金縢》之前。〔註92〕

《纂疏》云：

> 胡氏於《皇王大紀》考究得《康誥》非周公成王時，乃武王時。寡兄如今人稱劣兄。《梓材》一篇又不知何處得來。此與他人言皆不領，嘗與陳同父言，陳曰：「每嘗讀亦不覺，今思之誠然。」真氏《讀書記》載《康誥》首注云「此篇胡氏以為武王之書」，朱子從之，而蔡氏所辨尤力，今姑從先儒之說。以為周公書，更當博考。
> 愚案：朱子之說，五峰唱之，九峰和之，聖人復起不易斯言矣。真氏因仍阿合之，說非事理之實不謂，西山而有此也。〔註93〕

《蔡傳》對《康誥》非為成王之書，考辯詳實。胡宏《皇王大紀》以《康誥》為武王之書，朱蔡從其說。陳櫟猶且闕疑，姑從其說，並提出《康誥》為周公之書的說法，可待進一步考證。

綜之，陳櫟繼承朱子治《書》不可強通的「闕疑」原則，對《蔡傳》解《書》值得商榷而無法詮說通達之處，採取「多聞闕疑」的客觀態度，主要體現在其對《尚書》章句的解讀上，也有涉及釋訓詁及成篇時間的懷疑等方面。其論說沒有勉強論說其是非，而是薈萃眾說、平心而論，故對進一步探討相關問題，頗具有啟發意義。

## 三、論《蔡傳》之優

蔡沈在朱子所定的原則和體例下作《書集傳》，吸收朱子《尚書》學說的同時，參考諸家解《書》著作，對師說亦有所「補充訂正」〔註94〕，並在「章節的劃分及句逗」、「訓詁義理的解說」等方面對朱說有所刪節、誤改及不完全遵從。〔註95〕陳櫟在考辯《蔡傳》之所本的基礎上，亦權衡比較諸家之說，

---

〔註92〕〔元〕陳櫟：《書集傳纂疏》卷四，第75頁。
〔註93〕〔元〕陳櫟：《書集傳纂疏》卷四，第75頁。
〔註94〕參陳良中：《朱子尚書學研究》，第212～216頁。
〔註95〕參陳良中：《朱子尚書學研究》，第216～223頁。

在訓詁、史實、地理、制度、解章句等方面對《蔡傳》作深入分析，斟酌《蔡傳》的優劣。舉諸例如下：

釋訓詁為優者。如，《洪範》「六、三德：一曰正直，二曰剛克，三曰柔克。平康正直，強弗友剛克，燮友柔克。沉潛剛克，高明柔克」，《蔡傳》云：

> 克，治。……沉潛者，沉深潛退，不及中者也。高明者，高亢明爽，過乎中者也。蓋習俗之偏，氣稟之過者也。……沉潛剛克，以剛克柔也；高明柔克，以柔克剛也。〔註96〕

《纂疏》云：

> 「人資質沉潛者，當以剛治之；資質高明者，當以柔治之，此說為勝。」〔註97〕林氏曰：「正直，即王道正直是也。不剛不柔為正直，中德也；剛克，謂剛勝柔；柔克，謂柔勝剛。一於剛則失之亢，從而沉潛之，蓋抑其過而歸於中。一於柔則失之懦，從而高明之，蓋引其不及而歸於中。」愚案：下二句諸家多同林說，於二克字欠通。蔡云：「習俗之偏」，以強燮言；「氣稟之過」，以沉潛、高明言。〔註98〕

陳櫟認為，林氏以「勝」釋「克」欠通，蔡氏以「治」釋「克」為優。陸德明《音義》云：「克，馬云『勝』也」〔註99〕，孔安國亦以「治」釋「克」〔註100〕。其實，《語類》此條前有「沉潛剛克，高明柔克。克，治也」〔註101〕一語，陳櫟未引，蔡說當本此。其「習俗之偏」、「氣稟之過」之論，亦為發揮《語類》此條而來。

又，《洛誥》「予不敢宿，則禋於文王、武王」，《蔡傳》云：

> 宿，與《顧命》「三宿」之「宿」同。禋，祭名。周公不敢受此禮，而祭於文武也。〔註102〕

---

〔註96〕〔元〕陳櫟：《書集傳纂疏》卷四上，第70頁。

〔註97〕〔宋〕朱熹撰；朱傑人等主編：《朱子全書》第17冊，《朱子語類》卷七十九，第2715頁。

〔註98〕〔元〕陳櫟：《書集傳纂疏》卷四上，第70頁。

〔註99〕〔漢〕孔安國傳、〔唐〕孔穎達疏；廖名春、陳明整理：《尚書正義》卷十一，第312頁。

〔註100〕〔漢〕孔安國傳、〔唐〕孔穎達疏；廖名春、陳明整理：《尚書正義》卷十一，第312頁。

〔註101〕〔宋〕朱熹撰；朱傑人、嚴佐之、劉永翔主編：《朱子全書》第17冊，《朱子語類》卷七十九，第2715頁。

〔註102〕〔元〕陳櫟：《書集傳纂疏》卷五，第82頁。

《纂疏》云：

> 愚謂：蔡氏謂與「三宿」之「宿」同，宿乃進爵也。〔註103〕

《蔡傳》謂《顧命》「王三宿」釋「宿」云：「進爵也」，孔安國《傳》釋「王三宿」亦云「王三進爵」〔註104〕，但釋「予不敢宿」云「不經宿」〔註105〕，「宿」意為「隔夜」。陳櫟以「宿乃進爵」為優。

又，《呂刑》「惟呂命，王享國百年，耄，荒度作刑，以詰四方」，《蔡傳》云：

> 耄，老而昏亂之稱。荒，忽也。《孟子》曰：「從獸無厭謂之荒。」……蘇氏曰：「荒，大也。」「大度作刑，猶禹曰：『予荒度土功。』」「荒」當屬下句亦通，然「耄」亦貶之之辭也。〔註106〕

《纂疏》云：

> 唐孔氏曰：「八十九十曰耄。耄荒，年老也。……」愚謂：王享國百年，耄荒，如朕在位三十三載，耄，期耳。當百年耄荒之時，能裁度作刑以詰四方，乃見其篤老而尚精明仁厚，非真耄亂荒迷也。荒度雖有益稷可證，然與土功不同，蔡氏採之，以備一說，得之矣。〔註107〕

《蔡傳》採蘇軾以「大」釋「荒」之說，以《虞書》「予惟荒度土功」為證，可備以說。但對蔡氏以釋「耄」為「昏亂」為貶辭的說法，陳櫟採孔穎達的說法非之，所謂「耄」不過是就年齡而言。

又，《周官》「王曰：「嗚呼！三事暨大夫：敬爾有官，亂爾有政，以佑乃辟。永康兆民，萬邦惟無斁」，「三事」，《蔡傳》云：

> 三事，即《立政》三事也。亂，治也。篇終歎息，上自三事，下至大夫，而申戒敕之也。其不及公孤者，公孤德尊位隆，非有待於戒敕也。〔註108〕

《纂疏》云：

---

〔註103〕〔元〕陳櫟：《書集傳纂疏》卷五，第82頁。
〔註104〕〔漢〕孔安國傳、〔唐〕孔穎達疏；廖名春、陳明整理：《尚書正義》卷十八，第513頁。
〔註105〕〔漢〕孔安國傳、〔唐〕孔穎達疏；廖名春、陳明整理：《尚書正義》卷十五，第417頁。
〔註106〕〔元〕陳櫟：《書集傳纂疏》卷六，第95頁。
〔註107〕〔元〕陳櫟：《書集傳纂疏》卷六，第95頁。
〔註108〕〔元〕陳櫟：《書集傳纂疏》卷六，第90頁。

蘇氏曰：「三事，三公也。」呂氏曰：「訓戒既終，復提要總告之。敬爾官、治爾政，即前『欽乃攸司』也。總言惟在輔君以永安民耳。」愚謂：上文戒卿士而不及公孤，公孤德尊望重，不待於戒敕也。篇終責望之辭，不免上列三公，三公德尊望重，不無待於表率也。諸家多以三事為三公，惟蔡氏以為即《立政》三事，而不指為三公。《立政》之作「三事三宅」也；《周官》之「三事三公」也；《詩》曰「三事大夫」。漢魏以後，史云位登「三事」，皆指為「三公」，何疑焉？〔註109〕

《蔡傳》以《立政》三事釋此處「三事」，而不以「三公」釋之，原因在於「三公」德尊望重為群臣表率，不待於戒敕。陳櫟以《蔡傳》為正解。

又，《盤庚下》「無總於貨寶，生生自庸」條「自庸」，《蔡傳》云：

庸，民功也。此則直戒其所不可為，勉其所當為也。〔註110〕

「式敷民德，永肩一心」，「式」，《蔡傳》云：

式，敬也。敬布為民之德，永任一心。欲其久而不替也。《盤庚》篇終戒勉之意，一節嚴於一節，而終以無窮期之。盤庚其賢矣哉！〔註111〕

《纂疏》云：

愚謂：此篇始曰「歷告百姓於朕志」，終曰「羞告爾於朕志若否」，始告民以朕志者，以釋其疑懼之情也；終告臣以朕志者，欲其審好惡之辨也。前日群臣唱浮言以惑民者，傲上從康，其病證也；具乃貝玉，其病根也。今雖已遷，而病證猶未退，病根猶未除，故始曰無戲怠，以革傲上從康之病證。終曰不肩好貨，無總貨寶，使除具乃貝玉之病根，然後上能敬君命，下能仁民生，而永建國家無窮之基矣。先王動民而民不懼，勞民而民不怨。是遷也，民懼而怨至，費三篇之語言，固見商德之衰矣。然以口舌代斧鉞，化違慢為順從，拔蕩析置衽席，慈祥惻怛不吝三篇之語言，亦見盤庚之賢歟？蔡氏「自庸」訓為「民功」、「式」訓「敬」，蓋更審之。〔註112〕

---

〔註109〕〔元〕陳櫟：《書集傳纂疏》卷六，第90頁。
〔註110〕〔元〕陳櫟：《書集傳纂疏》卷三，第62頁。
〔註111〕〔元〕陳櫟：《書集傳纂疏》卷三，第62頁。
〔註112〕〔元〕陳櫟：《書集傳纂疏》卷三，第62頁。

陳櫟認為，《盤庚》上中篇指出，鑒於商朝群臣「傲上從康」的病症、「具乃貝玉」的病根，盤庚打算通過遷都的方式革除，以使群臣「不肩好貨」、「無總貨寶」，達到「上能敬君命，下能仁民生」的目的。結合《盤庚下》的篇意，蔡氏「自庸」訓為「民功」、「式」訓「敬」，更能體現盤庚勸勉群臣為國效力的拳拳之心。

　　**釋名物為優者**。如，《禹貢》「五百里甸服，百里賦納總，二百里納銍，三百里納秸服，四百里粟，五百里米」，「秸服」，《蔡傳》云：

> 謂之服者，三百里內去王城為近，非惟納總銍秸，而又使之服，輸將之事也。獨於秸言之者，總前二者而言也。〔註113〕

《纂疏》云：

> 碧梧馬氏曰：「先儒多以服字就秸字上解，秸，藁也。若去禾中粟米，而納空藁，惟使之服輸將，是其賦輕於四百里五百里矣。若存禾中粟米而又納藁又服輸將，是其賦重於百里二百里矣。惟蔡氏摘出服字以為總前二者，言之為通。」唐孔氏亦云：「舉中以明上下，並皆有所納之役，第以服字貫總銍粟米言之，文勢為礙爾。」〔註114〕

　　陳櫟稱引碧梧馬氏說，肯定蔡說總「納總」、「納銍」二者解「秸服」之「服」為通。所謂「服」即「存禾中粟米，而又納藁、又服輸將」。

　　**考地理為優者**。如，《禹貢》「九江孔殷」，《蔡傳》以「九江」為「洞庭湖」說，陳櫟允為精確。《蔡傳》云：

> 九江，即今之洞庭也。《水經》言：「九江在長沙下雋西北。」《楚地記》曰：「巴陵瀟湘之淵，在九江之間。今岳州巴陵縣即楚之巴陵、漢之下雋也，洞庭正在其西北，則洞庭之為九江審矣。今沅水、漸水、元水、辰水、敘水、酉水、澧水、資水、湘水皆合於洞庭，意以是名九江也。」孔，甚。殷，正也，九江水道甚得其正也。案《漢志》，九江在廬江郡之尋陽縣，尋陽記九江之名：一曰烏江、二曰蜯江、三曰烏白江、四曰嘉靡江、五曰畎江、六曰源江、七曰廩江、八曰提江、九曰菌江。今漢九江郡之尋陽，乃《禹貢》揚州之境，而唐孔氏又以為九江之名起於近代，未足為據。且九江派別取之邪亦必首尾短長大略均布，然後可目之為九。然其一水之間，

〔註113〕〔元〕陳櫟：《書集傳纂疏》卷二，第54頁。
〔註114〕〔元〕陳櫟：《書集傳纂疏》卷二，第54頁。

當有一洲，九江之間，沙水相間乃為十有七道。而今尋陽之地將無所容，況沙洲出沒，其勢不常，果可以為地理之定名乎？設使派別為九，則當曰九江既道，不應曰孔殷。於導江當曰播九江，不應曰過九江，反覆參考，則九江非尋陽明甚。本朝胡氏以洞庭為九江者，得之曾氏，亦謂導江曰過九江。至於東陵，東陵今之巴陵，今巴陵之上即洞庭也，因九水所合，遂名九江，故下文導水曰過九江。經之例：大水合小水謂之過，則洞庭之為九江，益以明矣。〔註115〕

《纂疏》云：

> 朱子九江彭蠡說，今載於下文導江後。愚案：江漢朝宗于海，即繼曰九江孔殷。導江不曰播九，而曰過九江，則大江自大江，九江自九水，可見孔氏所謂「江於此分為九道」者，其義明矣。證以導江，東至於澧，過九江至於東陵，則九江當在澧州之下，巴陵之上，而不在尋陽與今之江州尤明矣。朱蔡以洞庭湖當之，辯證詳明，從之可也。謂江南之水皆呼為江，禹時澧之下巴陵之上，自有九水。今年已久遠，陸谷變遷，不可以今水證古水，闕之亦可也。〔註116〕

蔡氏先以《水經注》、《楚地志》所載「九江」為據，其所謂「九江」即巴陵縣西北之洞庭湖；次謂「九水」得名於九條水合於洞庭湖；再駁斥以「九江」名於盧江郡尋陽縣九條江的說法，原因在於：尋陽縣土面積並沒有九條江存在的可能性，即便有可能，其中水道沙洲出沒沒有定勢，根本不可以因九條江的存在而定為地理的名稱。從文義上講，如果「九江」說的是九條河，應當說九江「既道」，而不應當說九江「孔殷」；《禹貢》下文說「導江」，當言「播（分導）九江」，而不應當說「過（到達）九江」，所以九江當為洞庭湖。在此基礎上，陳櫟以「過九江至於敷淺原（東陵）」進一步論證，「九江」即為「澧州之下」、「巴陵之上」的洞庭湖。

又，《禹貢》「導岍及岐，至於荊山，逾於河。壺口、雷首，至於太嶽。底柱、析城，至於王屋。太行、恒山，至於碣石，入於海」，《蔡傳》云：

> 逾者，禹自荊山而過於河也。孔氏以為「荊山之脈逾河而為壺口、雷首」者非是。蓋禹之治水，隨山刊木，其所表識諸山之名，必其高大可以辨疆域，廣博可以奠民居，故謹而書之以見其施功之

---

〔註115〕〔元〕陳櫟：《書集傳纂疏》卷二，第50頁。
〔註116〕〔元〕陳櫟：《書集傳纂疏》卷二，第50～51頁。

次第。初非有意推其脈絡之所自來，若今之葬法所言也。若必實以山脈言之，則尤見其說之謬妄。蓋河北諸山，根本脊脈皆自代北、寰武、嵐憲諸州乘高而來。其脊以西之水，則西流以入龍門、西河之上流；其脊以東之水，則東流而為桑乾、幽、冀，以入於海。其西一支為壺口、太嶽，次一支包汾、晉之源，而南出以為析城、王屋，而又西折以為雷首。又次一支乃為太行，又次一支乃為恒山。其間各隔沁潞諸川，不相連屬，豈自岍岐跨河而為是諸山哉？山之經理者，已附於逐州之下，於此又條列而詳記之，而山之經緯皆可見矣。王鄭有三條四列之名，皆為未當。今據「導」字分之以為南北二條，而江、河以為之紀，於二之中又分為二焉。此北條大河，北境之山也。〔註117〕

《纂疏》云：

今說者分陰陽列，言導岍及岐至於荊山，荊山山脈逾河而過為壺口、雷首、底柱、析城、王屋、碣石，則是荊山地脈，卻來做太行山腳，其所謂地脈，尚說不通，況《禹貢》本非理會地脈耶？……愚案三條之說出於馬融王肅，以岍岐至碣石為北條，西傾至陪尾為中條，嶓至敷淺原為南條。然內方、大別在荊州，岷在梁州相去數千里，豈可合為一條。四列之說出於鄭，謂岍岐為正陰列，西傾為次陰列，嶓為次陽列，岷山為正陽列，四列雖是，而陰陽正次，名稱未當。宜蔡氏以二條四列訂之云。〔註118〕

孔釋「逾」為「荊山之脈逾河」，而有所謂地脈之說。但在蔡氏看來，大禹並無意「推其脈絡之所自來」，所謂「逾」為「禹自荊山而過於河」。更何況從地理上講，荊州地脈並非自岍岐跨河而來，陳櫟據此辯駁馬融、王肅「三條」說之非。對鄭玄「四列」說加以肯定，但不同意其「陰陽正次」的說法。蔡氏根據《禹貢》「導岍及岐」、「導嶓冢」的說法，分為南北二條，又因「黃河」、「洞庭湖」的間隔，又可分為四列。

**釋制度為優者。**如，《武成》「惟一月壬辰，旁死魄。越翼日癸巳，王朝步自周，於征伐商」，《蔡傳》云：

一月，建寅之月。不曰「正」而曰「一」者，商建丑，以十二

〔註117〕〔元〕陳櫟：《書集傳纂疏》卷二，第52頁。
〔註118〕〔元〕陳櫟：《書集傳纂疏》卷二，第52頁。

月為正朔，故曰「一月」也。〔註119〕

《纂疏》云：

> 孔氏曰：「一月，周之正月。」唐孔氏曰：「伐紂之年，周正月辛卯朔，其二日，壬辰翌日癸巳，王發鎬京東行，其月二十八日戊午渡河，《泰誓》一月戊午是也。」……愚案：蔡氏於《泰誓上》及此皆以孟春一月為建寅之月，與二孔之說不合，必證以《前漢·律曆志》始尤明白。」〔註120〕

蔡氏認為，商朝以十二月為正朔，故《武成》不稱「一月」為「正月」。陳櫟認為，其說與孔安國、孔穎達異，但有《前漢書·律曆志》為證。

考史實為優者。如，《洛誥》「王曰：公！予小子其退，即辟於周，命公後」，《蔡傳》云：

> 成王言我退即居於周，命公留後治洛。……謂之「後」者，先成王之辭，猶後世留守、留後之義。先儒謂封伯禽以為魯後者非是。考之《費誓》「東郊不開」，乃在周公東征之時，則伯禽就國，蓋已久矣。下文「惟告周公其後」，「其」字之義，益可見其為周公，不為伯禽也。〔註121〕

《纂疏》云：

> 史丞相說《書》亦有好處，如「命公後」，舊說云「命伯禽為周公後」，史云「成王既歸，命周公在後。看公定，予往已，一言便見得周公在後之意。」真氏曰：「按《史記·魯世家》，伯禽即位之後，管蔡等反淮夷，徐戎亦並興，於是伯禽帥師伐之於肹，遂平徐戎。」據此則蔡說當矣。〔註122〕

蔡氏所謂先儒「封伯禽以為魯後者」，為孔穎達之說。陳櫟以真德秀引《史記·魯世家》的說法，辨其說為非，以蔡氏之說為當。

解篇名為優者。如，《多士》篇，《蔡傳》云：

> 商民遷洛者，亦有有位之士，故周公洛邑初政，以王命總呼「多士」而告之。編書者因以名篇，亦語體也。今文古文皆有。吳氏曰：

---

〔註119〕〔元〕陳櫟：《書集傳纂疏》卷四，第67頁。
〔註120〕〔元〕陳櫟：《書集傳纂疏》卷四，第67頁。
〔註121〕〔元〕陳櫟：《書集傳纂疏》卷五，第81頁。
〔註122〕〔元〕陳櫟：《書集傳纂疏》卷五，第81頁。

「方遷商民於洛之時，成周未作。其後，王與周公患四方之遠，鑒
三監之叛，於是始作洛邑，欲徙周而居之。其曰：『昔朕來自奄，大
降爾四國民命。我乃明致天罰，移爾遐逖，比事臣我宗多遜』者，
述遷民之初也；曰：『今朕作大邑於茲洛，予惟四方罔攸賓，亦惟爾
多士攸服奔走臣我多遜』者，言遷民而後作洛也。故《洛誥》一篇
終始皆無欲遷商民之意。惟周公既諾成王留治於洛之後，乃曰『伻
來毖殷』，又曰『王伻殷乃承敘』。當時商民已遷於洛，故其言如此。」
愚謂：武王已有都洛之志，故周公黜殷之後，以殷民反覆難制，即
遷於洛。至是建成周，造廬舍，定疆場，乃告命與之更始焉爾。此
《多士》之所以作也。由是而推，則《召誥》攻位之「庶殷」，其已
遷洛之民歟。不然，則受都（今衛州也）、洛邑（今西京也）相去四
百餘里，召公安得舍近之友民，而役遠之讐民哉？《書序》以為「成
周既成，遷殷頑民」者，謬矣。吾固以為非孔子所作也。〔註123〕

《纂疏》云：

　　張氏曰：「周之頑民，乃商之忠臣也。」王氏曰：「篇名多士，
　　序乃以為頑民。周公未始以殷民為頑，成王命君陳始有無忿疾於頑
　　之語。夫殷民不附周謂之頑可也，不忘殷，謂之頑，可乎？故『頑』
　　之一字《康誥》、《酒誥》、《多士》、《多方》等書未嘗出諸口也。」
　　愚按：諸家過信小序，所以「昔朕來自奄」等全解不通，蔡說當矣。
　　〔註124〕

《書序》釋《多士》云「成周既成，遷殷頑民」〔註125〕。蔡氏駁之有二：遷
殷民於洛，在建都洛邑、作成周前；所謂「多士」不可謂之「頑民」，殷民中
多「有位」之士。陳櫟引諸家之說辨《書序》「頑民」說之謬，以蔡說為當。

**解章句為優者。** 如，《召誥》「王敬作所，不可不敬德」，《蔡傳》云：

　　言化臣必謹乎身也。所，處所也，猶「所其無逸」之「所」。王
　　能以敬為所，則動靜語默，出入起居，無往而不居敬矣。「不可不敬
　　德」者，甚言其德之不可不敬也。〔註126〕

〔註123〕〔元〕陳櫟：《書集傳纂疏》卷五，第82頁。
〔註124〕〔元〕陳櫟：《書集傳纂疏》卷五，第82頁。
〔註125〕〔漢〕孔安國傳、〔唐〕孔穎達疏；廖名春、陳明整理：《尚書正義》卷十六，
　　　　第421頁。
〔註126〕〔元〕陳櫟：《書集傳纂疏》卷五，第80頁。

《纂疏》云：

> 「王敬作所不可不敬德」只是一句。孔氏曰：「召公既述周公言，又陳己意以終其戒。言當先治服商御事之臣，使比近我周，治事之臣敬為所不可不敬之德。」……愚按：「王敬作所不可不敬德」，朱子本、孔氏作一句說，蔡氏以所字為句作兩句說，真氏《乙記》以蔡說為長。然蔡說實自呂氏。〔註127〕

陳櫟以蔡氏之說為長。

又，《皋陶謨》「日宣三德，夙夜濬明有家。日嚴祗敬六德，亮采有邦。翕受敷施，九德咸事。俊乂在官，百僚師師，百工惟時，撫於五辰，庶績其凝」，《蔡傳》云：

> 宣，明也。「三德」、「六德」者，九德之中，有其三、有其六也。濬，治也。亮，亦明也。「有家」，大夫也。「有邦」，諸侯也。「濬明」、「亮采」皆言家邦政事明治之義，氣象則有小大之不同。「三德」而為大夫，「六德」而為諸侯，以德之多寡、職之大小概言之也。夫九德有其三，必日宣而充廣之，而使之益以著；九德有其六，尤必日嚴而祗敬之，而使之益以謹也。翕，合也。德之多寡雖不同，人君惟能合而受之布而用之，如此則九德之人咸事其事。大而千人之「俊」，小而百人之「乂」，皆在官，使以天下之才任天下之治，唐虞之朝下無遺才，而上無廢事者，良以此也。〔註128〕

《纂疏》云：

> 愚案：「日宣」、「日嚴」作賢者自修，出古注。蔡氏用之作「人君用人」，《語錄》是之，與「翕受」意協。君之用賢當隨其德之小大而酌其任之小大。有家視邦為小，故三德而足；有邦視家為大，故六德而足；朝廷視有邦尤大，故全德全才受而用之。「俊乂」即全德之全才也。朝廷之治，大關天人，故於用九德詳言之，而要其功用之極焉。〔註129〕

陳櫟所謂「出古注」，即孔安國《傳》。依陳櫟之見，《蔡傳》釋「日宣」、「日嚴」二句為「人君用人隨德之小大而任其職」，與下文「翕受敷施」的文義相

---

〔註127〕 〔元〕陳櫟：《書集傳纂疏》卷五，第80頁。
〔註128〕 〔元〕陳櫟：《書集傳纂疏》卷一，第46頁。
〔註129〕 〔元〕陳櫟：《書集傳纂疏》卷一，第46頁。

貫洽，較孔安國《傳》「賢者自修」說為優。

又，《立政》「今文子文孫，孺子王矣！其勿誤於庶獄，惟有司之牧夫」，「惟有司之牧夫」，《蔡傳》云：

> 始言「和我庶獄庶慎，時則勿有間之」，繼言「其勿誤於庶獄庶慎，惟正是乂之」，至是獨曰「其勿誤於庶獄，惟有司之牧夫」。蓋刑者，天下之重事，挈其重而獨舉之，使成王尤知刑獄之可畏，必專有司牧夫之任，而不可以己誤之也。〔註130〕

《纂疏》云：

> 呂氏曰：「始言『庶言庶獄庶慎』；繼去其一，止曰『庶獄庶慎』；又去其一，獨曰『庶獄』。蓋挈其尤重者，獨舉之獄，曷為其獨重也？民命所繫，亦國命所繫也，導迎善氣、祈天永命者，獄也。並告無辜無世在下，亦獄也，宜公獨言而獨戒之。」愚謂：「惟有司之牧夫」，蔡氏以合上句說。刑獄固牧民者之責，如《呂刑》「司政典獄，非爾惟作天牧」固也，然《立政》以三宅為綱，宅準、宅牧各有攸司，與他處泛論者不同。〔註131〕

蔡氏對「惟有司之牧夫」的詮解，緊扣上句及《立政》章旨，強調有司專掌「刑獄」之職的重要性。陳櫟採呂祖謙說進一步闡說《蔡傳》，指出《蔡傳》與泛泛之說不同，而為精論。

又，《咸有一德》「任官惟賢材，左右惟其人。臣為上為德，為下為民；其難其慎，惟和惟一」，「左右」，《蔡傳》云：

> 賢者，有德之稱。材者，能也。左右者，輔弼大臣。非賢材之稱可盡，故曰「惟其人」，夫人臣之職為上為德。左右，厥辟也。為下為民，所以宅師也。不曰君而曰德者，兼君道而言也。臣職所繫，其重如此，是必其難其慎。難者，難於任用。慎者，慎於聽察所以防小人也。惟和惟一，和者，可否相濟。一者終始如一，所以任君子也。〔註132〕

《纂疏》云：

> 問：「左右」何所指？曰：「只是指親近之臣」。問：「四為字，

---

〔註130〕〔元〕陳櫟：《書集傳纂疏》卷五，第89頁。
〔註131〕〔元〕陳櫟：《書集傳纂疏》卷五，第89頁。
〔註132〕〔元〕陳櫟：《書集傳纂疏》卷三，第60頁。

當作如，何音？」曰：「並去聲。為上者，輔其德而不阿其意之所欲；
為下者；利於民而不狗已之所安。如逢君之惡也，是為上而非為德；
為妻妾之奉也，是為下而非為民曰然。論『其難其慎』，曰：『君臣
上下相與甚難。』」……愚案：「左右」作「近習」說，接下二句不
來，《語錄》想非定說，《蔡傳》得之。王置諸其左右相成王，為左
右豈皆近習乎？三公官不必備，亦曰惟其人，蓋其選至重，必其人
足以當之者可也。〔註133〕

陳櫟認為，朱子將「左右」釋為「親近之臣」並不準確，而蔡氏釋為「輔弼大
臣」，與上下文的文意貫洽，所謂「惟其人」即顯示對所選之人的慎重，而非
親近之臣所可堪當。

又，《多士》「王曰：多士，昔朕來自奄，予大降爾四國民命。我乃明致天
罰，移爾遐逖，比事臣我宗多遜」，《蔡傳》云：

降，猶今法「降等」云者。言昔我來自商奄之時，汝四國之民，
罪皆應死，我大降爾命，不忍誅戮。乃止明致天罰，移爾遠居於洛，
以親比臣我宗周有多遜之美。其罰蓋亦甚輕，其恩固已甚厚。今猶
有所怨望乎？詳此章，則商民之遷，固已久矣。〔註134〕

《纂疏》云：

林氏曰：「自洛而視殷之故地，則殷為遠，故以遷之於洛，為『移
爾遐逖』。」真氏曰：「蔡說文勢順，但遷洛恐不可言遐逖。」愚謂：
武王自鎬伐商，言「逖矣西土之人」，則自商遷洛，豈不可言以爾遐
逖？否則，以遐逖指朝歌，謂移爾自於遐逖亦可也。〔註135〕

《蔡傳》釋「移爾遐逖」為「移爾遠居於洛」，陳櫟以《泰誓下》「逖矣西土之
人」為證，論蔡說為優。

又，《說命下》「監於先王成憲，其永無愆」，《蔡傳》云：

憲，法。愆，過也。言德雖造於罔覺，而法必監於先王。先王
成法者，子孫之所當守者也，《孟子》言遵先王之法而過者，未之有
也，亦此意。〔註136〕

〔註133〕〔元〕陳櫟：《書集傳纂疏》卷三，第60頁。
〔註134〕〔元〕陳櫟：《書集傳纂疏》卷五，第83頁。
〔註135〕〔元〕陳櫟：《書集傳纂疏》卷五，第83頁。
〔註136〕〔元〕陳櫟：《書集傳纂疏》卷三，第63頁。

《纂疏》云：

> 愚案，監先王為學之成法，說雖巧，終不如蔡說平實。〔註137〕

宋夏僎《尚書詳解》云：「學不可取足於師，而在乎自得，故又告之曰：『今王必欲盡學問之道，不必他求，但鑒視先王成湯所以為學之成法而躬行，則所謂學古而克永世者，斯無過矣。』蓋湯學於伊尹自有成法，高宗但鑒視之，則無過矣。」〔註138〕「監先王為學之成法」說本於此。陳櫟謂其說失於巧，未若蔡說平實。

又，《無逸》「先知稼穡之艱難，乃逸，則知小人之依」，《蔡傳》云：

> 「先知稼穡之艱難，乃逸」者，以勤居逸也。依者，指稼穡而言，小民所恃以為生者也。農之依田，猶魚之依水，木之依土，魚無水則死，木無土則枯。民非稼穡，則無以生也。故舜自耕稼以至為帝，禹稷躬稼以有天下。文、武之基，起於后稷。四民之事，莫勞於稼穡；生民之功，莫盛於稼穡。周公發無逸之訓，而首及乎此，有以哉。〔註139〕

《纂疏》云：

> 呂氏曰：「此非始於憂勤，終於逸樂之論也。蓋言先備嘗稼穡之艱難，乃處於安逸，則深知小人之所依，未知稼穡艱難而遽處安逸，與一宮室、起一力役，視若易然，而民有不得其死者矣。成王生於深宮，遽處人上，公深為之懼，故以此言警之。若以始難終逸釋之，是乾健之體有時而息矣。後世漸不克終之患，未必非此論啟之。」陳氏經曰：「乃逸，非先艱難而後逸樂也，艱難之中自有逸樂之理，君子當以艱難為逸，不當以逸為逸也。」愚按：「先知稼穡之艱難，乃逸」，以為先艱難而後可謀安逸，固非矣，以為艱難乃所以為安逸，亦未也。蓋君逸於上，君本逸也，惟以勤居逸，則君雖逸而能無逸，呂氏此論超出諸家。下文「厥子不知稼穡之艱難，乃逸，乃諺，既誕」，文勢似若六字一句，蔡氏提出謂此為「以逸為逸」，與上文之「乃逸」，「以勤居逸」者為對，提得精神如兩眼，然雖六字，仍作一句讀，亦不妨如此說云。〔註140〕

---

〔註137〕〔元〕陳櫟：《書集傳纂疏》卷三，第63頁。
〔註138〕〔元〕夏僎：《尚書詳解》卷十四，第682頁。
〔註139〕〔元〕陳櫟：《書集傳纂疏》卷五，第83頁。
〔註140〕〔元〕陳櫟：《書集傳纂疏》卷五，第83～84頁。

《蔡傳》以「以勤居逸」釋「乃逸」，本之呂祖謙，於諸家之解為優。

綜言之，由於《蔡傳》嚴守朱子擬訂的治《書》的基本綱領、解經方法和體例範式，又能夠博採眾長，故其《書》學觀點頗有識解獨到之處。陳櫟折衷漢宋諸說，指出《蔡傳》之《書》學觀點優於眾說之處，能夠做到不囿漢宋門戶，有理有據，值得信從。

## 四、駁《蔡傳》之非

《四庫提要》謂《書集傳纂疏》「於《蔡傳》有所增補，無所駁正」，非為確言。據學者統計，《纂疏》駁《蔡傳》之言，多達 115 則，約占總條數 393 則的三分之一。〔註 141〕陳櫟從訓詁、章句、地理、制度等方面駁正《蔡傳》之處甚多，其羽翼發明《蔡傳》，對《蔡傳》有深入客觀的研究，並未盲目尊奉。有諸例如下：

釋訓詁之非。如，《皋陶謨》「皋陶曰：『都！在知人，在安民。』禹曰：『吁！咸若時，惟帝其難之。知人則哲，能官人。安民則惠，黎民懷之。能哲而惠，何憂乎歡兜？何遷乎有苗？何畏乎巧言令色孔壬？』」《蔡傳》云：

> 帝，謂堯也。言既在知人，又在安民，二者兼舉，雖帝堯亦難能之。……孔，大也。好其言，善其色，而大包藏兇惡之人也。言「能哲而惠」，則智仁兩盡。雖黨惡如歡兜者，不足憂；昏迷如有苗者，不足遷；與夫好言、善色、大包藏奸惡者，不足畏。是三者，舉不足害吾之治。極言仁智功用如此其大也。或曰巧言令色孔壬，共工也。〔註 142〕

《纂疏》云：

> 孔氏曰：「帝堯亦以知人安民為難。」張橫渠曰：「帝謂舜也。」林氏曰：「舜既罪四凶，惟恐又有如此之人復出為惡，未嘗忘憂畏

---

〔註 141〕 詳許華峰：《論陳櫟〈書解折衷〉與〈書蔡氏傳纂疏〉對〈書集傳〉的態度——駁正〈四庫全書總目〉的誤解》附表。許氏認為依《纂疏》的性質，其在《蔡傳》之下收錄朱子的意見，代表陳櫟宗朱的學派立場；收錄諸家注解，則意味著陳櫟對諸家注解兼容並蓄的態度。故其從「根據朱子的見解駁蔡之例」、（約 12 處）「從諸家注解而不從《蔡傳》之例」（約 26 處）、「陳櫟不盲從朱、蔡之例」（約數例）三面指出《纂疏》於《蔡傳》有所駁正。本文側重從陳櫟解經方法和內容上從釋訓詁、地理、制度、解章句等角度指出其駁《蔡傳》之例，所舉例證與許文則有所不同。

〔註 142〕 〔元〕陳櫟：《書集傳纂疏》卷一，第 45～46 頁。

也。」真氏曰：「孔壬，古注以為甚佞。介甫謂其『包藏禍心』，蓋
以『壬』為妊娠之『妊』。胡氏非之，謂此訓將以腹非罪人。」蔡
氏仍祖其說，不若從孔注為長。愚謂：此處言帝，但當指舜，與「帝
德廣運」不同。彼上文「惟帝時克」，舜方美堯，故益承其說美堯。
此禹、皋言於舜，前捨舜言堯，何所因耶？禹於「克艱」，真知灼
見「知人」、「安民」之不易，故籲以歎其難，謂兼盡之雖舜猶難也。
其難之，即猶病諸之意。知人則必哲，始能官人。安民則必惠，始
黎民懷，二者之難可知矣。果能哲而且惠，則哲以知人，何憂兜之
黨惡？惠以安民，何遷苗之害民？知人視安民猶重，故申言，又何
畏乎巧令孔壬？至此，則前所謂難，今何憂？何遷？何畏？不見其
為難矣！非禹深知「克艱」之理，孰能明至此。〔註143〕

《蔡傳》釋「孔壬」為「包藏兇惡之人」，本王安石《尚書新義》「包藏禍心」
說，陳櫟非之，以孔安國《傳》「甚佞」說為是。陳櫟謂：此處「帝」當為
「舜」，而非孔傳所謂「堯舜」、《蔡傳》所謂「堯」。原因在於：《大禹謨》
「惟帝時克」是舜讚美堯之言、「帝德廣運」為益承舜之說讚美堯，「帝」皆
指「堯」。而此處「惟帝其難之」，從上下文語境上講，禹深諳為君「克艱」
（《大禹謨》）之理，認為做到「知人」、「安民」二者兼備，「舜」猶為難，
但若能做到「哲且惠」，又何難之有？

又，《禹貢》「厥篚玄纁璣組」，《蔡傳》云：

> 纁，《周禮》染人「夏纁玄」。纁，絳色幣也。〔註144〕

《纂疏》：

> 鄭氏曰：「此州染玄黑纁色善，故貢之。」愚按：「世子執纁公之
> 孤」，執玄玄黑色、纁赤色二色幣也。蔡云玄纁絳色幣，恐非。〔註145〕

「世子執纁公之孤」說本孔安國《傳》〔註146〕。陳櫟引鄭玄、孔安國說駁《蔡
傳》之非。

又，《洪範》「四、五紀：一曰歲，二曰月，三曰日，四曰星辰，五曰曆數」
條，《蔡傳》云：

---

〔註143〕〔元〕陳櫟：《書集傳纂疏》卷一，第46頁。
〔註144〕〔元〕陳櫟：《書集傳纂疏》卷二，第51頁。
〔註145〕〔元〕陳櫟：《書集傳纂疏》卷二，第51頁。
〔註146〕〔漢〕孔安國傳、〔唐〕孔穎達疏；廖名春、陳明整理：《尚書正義》卷六，
第151頁。

歲者，序四時也。月者，定晦朔也。日者，正躔度也。星，經
星、緯星也。辰，日月所會十二次也。曆數者，占步之法。所以紀
歲、月、日、星辰也。〔註147〕

《纂疏》云：

孔氏曰：「歲，所以紀四時。月，所以紀一月。日，紀一日。二
十八宿迭見以敘氣節，十二辰以紀日月所會，歷數節氣之度以為曆，
敬授民時。」愚案：《蔡傳》謂「日者，正躔度也」，當云「日者，正
甲乙也。星辰，方是正躔度。」〔註148〕

《蔡傳》釋「日」為「太陽，故謂「日者，正躔度也」。而陳櫟引孔安國《傳》
「日，紀一日」說，謂「日者，正甲乙也。星辰，方是正躔度」，以駁《蔡傳》
之誤。所謂「躔」指「日月星辰在黃道上的運行」。

釋地理之非。如，《禹貢》「涇屬渭汭」，《蔡傳》云：

涇、渭、汭，三水名。……周《職方》「雍州其川涇、汭。」
《詩》曰：「芮鞫之即。」皆謂是也。屬，連屬也。涇水連屬渭、
汭二水也。〔註149〕

《纂疏》云：

陳氏大猷曰：「涇、渭、汭，案《禮》與《詩》固可以汭為水
名，然下文言『龍門、西河會於渭汭』，以為二水則不通。猶『媯
汭』、『洛汭』亦非可以為汭水也。」愚案：孔云：「水北曰汭，一
云水曲曰汭。文如『東過洛汭』耳。」《詩》云：「涇以渭濁」，未
嘗及汭水也。漆沮之從澧之同，皆從同於渭耳，未嘗與汭通也。蔡
云三水恐非。〔註150〕

《蔡傳》據《周禮》、《詩經》的說法，以涇、渭、汭為三條水名。陳櫟引陳
大猷的說法駁斥其說之非。《周禮》、《詩經》固然有以「汭」為水名的說法，
但據《尚書》文本「渭汭」、「媯汭」、「洛汭」說，「汭」並非水名。陳櫟進一
步據孔安國注「水北曰汭」、《詩經》「涇以渭濁」的說法，駁斥「汭水」說
之非。

又，《禹貢》「祇臺德先，不距朕行」，《蔡傳》云：

---

〔註147〕〔元〕陳櫟：《書集傳纂疏》卷四，第69頁。
〔註148〕〔元〕陳櫟：《書集傳纂疏》卷四，第69頁。
〔註149〕〔元〕陳櫟：《書集傳纂疏》卷二，第51頁。
〔註150〕〔元〕陳櫟：《書集傳纂疏》卷二，第51頁。

臺，我。距，違也。禹平水土，定土賦，建諸侯，治已定，功已成矣。當此之時，惟敬德以先天下，則天下自不能違越我之所行也。〔註151〕

《纂疏》云：

> 陳氏曰：「臺、朕，皆史氏我其君上也。」馬氏曰：「水土已平，天子於是封建分理，又敬己德以先之，而莫敢或違，皆禹功所致也，即『迪朕德，時乃功惟敘』之意。」王氏炎曰：「曰臺、曰朕，皆禹自言。」愚案：「臺」、「朕」，蔡說欠明，陳馬說當。雙溪謂「皆禹自言恐非，二句接『錫土姓』，封建亦禹專之乎？」〔註152〕

《蔡傳》釋「臺」、「朕」為禹之自言，陳櫟駁其說之非。所謂「臺」、「朕」是對史官對禹的尊稱。

**釋制度之非。**如，《泰誓上》「惟十有三年春，大會於孟津」，《蔡傳》云：

> 案：漢孔氏以春為建子之月。蓋謂三代改正朔，必改月數，改月數，必以其正為四時之首。《序》言「一月戊午」，既以一月為建子之月，而經又繫之以春，故遂以建子之月為春。夫改正朔，不改月數，於《太甲》辨之詳矣。而四時改易，尤為無義。冬不可以為春，寒不可以為暖，固不待辨而明也。或曰，鄭氏箋《詩》「維暮之春」，亦言周之季春，於夏為孟春。曰，此漢儒承襲之誤耳。且《臣工》詩言：「維暮之春，亦又何求？如何新畬。於皇來牟，將受厥明。」蓋言暮春，則當治其新畬矣，今如何哉？然牟麥將熟，可以受上帝之明賜。夫牟麥將熟，則建辰之月，夏正季春審矣。鄭氏於《詩》且不得其義，則其考之固不審也。不然，則商以季冬為春，周以仲冬為春，四時反逆，皆不得其正。豈三代聖人奉天之政乎？〔註153〕

《纂疏》云：

> 愚案：蔡氏主「不改月」之說，遂謂「並不改時」，殊不知月數於周而改，春隨正而易。證之《春秋》、《左傳》、《孟子》、《後漢書·陳寵傳》，極為明著。〔註154〕

孔安國《傳》謂「三代改正朔，必改月數」。而蔡氏認為三代改正朔，不改「月

---

〔註151〕〔元〕陳櫟：《書集傳纂疏》卷二，第54頁。
〔註152〕〔元〕陳櫟：《書集傳纂疏》卷二，第54頁。
〔註153〕〔元〕陳櫟：《書集傳纂疏》卷四，第65頁。
〔註154〕〔元〕陳櫟：《書集傳纂疏》卷四，第65頁。

數」，並且「四時」並不會改易。但在陳櫟看來，三代「月數」、「四時」皆隨朝代的更變而改易，其以《春秋》、《左傳》、《孟子》、《後漢書》說法為證。

解章句之非。如，《洪範》「水曰潤下，火曰炎上，木曰曲直，金曰從革，土爰稼穡」，《蔡傳》云：

> 稼穡，以德言也。「潤下」者，潤而又下也。「炎上」者，炎而又上也。「曲直」者，曲而又直也。「從革」者，從而又革也。「稼穡」者，稼而又穡也。稼穡獨以德言者，土兼五行，無正位，無成性，而其生之德，莫盛於稼穡，故以稼穡言也。稼穡不可以為性也，故不曰「曰」而曰「爰」，爰，於也。子是稼穡而已，非所以名也。作，為也。鹹、苦、酸、辛、甘者，五行之味也。五行有聲、色、氣、味，而獨言味者，以其切於民用也。〔註155〕

《纂疏》云：

> 蘇氏曰：「潤下至稼穡，皆其德也。水潤下則能生物，故水以潤下為德；火炎上則能熟物，故火以炎上為德；木不曲直不能棟宇，故木以曲直為德；金不變化不能成器，故金以從革為德；土無所不用，不可以一德名，而其德盛於稼穡，不曰『曰』，而曰『爰』，爰，於也。曰者，所以名之也。土無成名、無專氣、無定位，故曰於此稼穡，而非所以名之也。」愚案：蔡氏於稼穡獨以「德」言，「德」字本蘇氏，而上四者以性言，則不本蘇氏，遂覺「德」字突兀。西山於此云：「土之性不可以一二名，而其用盛於稼穡，稼穡所以養民也，卻不用德字。」〔註156〕

蘇軾《書傳》以「德」釋「潤下」至「稼穡」。陳櫟謂蔡傳以「稼穡」為「德」本蘇軾，但以「潤下」、「炎上」、「曲直」、「從革」為「性」則不本蘇軾，而本二孔傳疏。〔註157〕單以「德」釋「稼穡」較顯突兀。陳櫟引真德秀說謂「稼穡」為「土之用」以養民，而不可謂其為「土之德」。

又，《金縢》「史乃冊祝，曰：『惟爾元孫某，遘厲虐疾。若爾三王是有丕子之責於天，以旦代某之身』」，《蔡傳》云：

> 元孫某，武王也。遘，遇。厲，惡。虐，暴也。丕子，元子也。

---

〔註155〕〔元〕陳櫟：《書集傳纂疏》卷四，第65頁。
〔註156〕〔元〕陳櫟：《書集傳纂疏》卷四，第65頁。
〔註157〕〔漢〕孔安國傳，〔唐〕孔穎達疏；廖名春、陳明整理：《尚書正義》卷十二，第302頁。

旦，周公名也。言武王遇惡暴之疾，若爾三王是有元子之責於天，
蓋武王為天元子，三王當任其保護之責於天，不可令其死也。如欲
其死，則請以旦代武王之身。「於天」之下疑有缺文。舊說謂天責取
武王者，非是。詳下文「予仁若考」、「能事鬼神」等語，皆主祖父
人鬼為言。至於「乃命帝庭」、「無墜天之降寶命」，則言天命武王如
此之大，而三王不可墜天之寶命文意可見。又案：死生有命，周公
乃欲以身代武王之死，或者疑之。蓋方是時，天下未安，王業未固，
使武王死，則宗社傾危，生民塗炭，變故有不可勝言者。周公忠誠
切至，欲代其死以紓危急，其精神感動，故卒得命於三王。今世之
四夫四婦，一念誠孝，猶足以感格鬼神，顯有應驗而況於周公之元
聖乎？是固不可謂無此理也。〔註158〕

《纂疏》云：

「乃立壇墠一節，分明是對鬼神說，『有丕子之責於天』，先儒
都解錯了。只有晁以道說得好，他解『丕子之責』，如史傳中『責其
侍子之責』，蓋云上帝責三王之侍子，『侍子』指武王也。上帝責其
來服事左右，故周公乞代其死，言三王若有侍子之責於天，則不如
以我代之，我多材藝，能事鬼神，武王不若我，不能事鬼神，且留
他在世上，定你之子孫與四方之民。伊川卻疑公不應自說多材藝，
他止要代武王之死耳。以身代武王，此為周公誠意、篤切，以庶幾
其萬一。」問：「代武王死，亦有此理否？」曰：「聖人為之，亦須有
此理。周公之意，云設若三王欲得其子服事於彼，則我多材藝可備
使令，且留武王以鎮天下也。」……愚謂：……蔡氏謂「任保護之
責於天，故疑於天之下有缺文。」若依《語錄》用晁說，則二句文
意渙然矣。〔註159〕

《蔡傳》謂武王遭遇惡暴的疾病，武王作為上天的元子，三王應當擔任保護
其的職責於天，不可令其死也，如此解意猶未盡，「天之下」似乎有闕文。
陳櫟謂《蔡傳》此解於文義並不能貫通，而應當依《語錄》用晁以道說，據
《金縢》上下文的語境，「若爾三王有丕子之責於天，以旦代某之身」，應解
釋為：「三王若有侍子之責於天，則不如以我代之，我多材藝，能事鬼神，

---

〔註158〕〔元〕陳櫟：《書集傳纂疏》卷四，第72頁。
〔註159〕〔元〕陳櫟：《書集傳纂疏》卷四，第72頁。

武王不若我，不能事鬼神，且留他在世上，定你之子孫與四方之民」，二句
疑義煥然冰釋。

又，《康誥》「王曰：外事，汝陳時臬，司師茲殷罰有倫」，《蔡傳》云：

> 外事，未詳。陳氏曰：「外事，有司之事也。臬，法也，為準限
> 之意。言汝於外事，但陳列是法，使有司師此殷罰之有倫者用之爾。」
> 呂氏曰：「外事，衛國事也。《史記》言康叔為周司寇。司寇，王朝
> 之官，職任內事，故以衛國對，言為外事。今案篇中言『往敷求』、
> 『往盡乃心』，篇終曰『往哉！封』，皆令其之國之辭，而未見其留
> 王朝之意。但詳此篇，康叔蓋深於法者。異時成王或舉以司寇之職，
> 而此則未必然也。」〔註160〕

《纂疏》云：

> 愚案：左氏定四年曰「武王之母弟八人，周公為太宰，康叔為
> 司寇」，則康叔以諸侯入為王卿，明矣。「為司寇」與「即衛封」，兩
> 不相妨，往來朝廷邦國之間，何往不可。況衛事自有衛之有司，如
> 外庶子外正者付之陳列之法，司身為司寇甚便。呂、陳「內事」、「外
> 事」之說甚當，蔡氏疑之乃添異。「時成王或舉以任司寇」一句，今
> 正關「成王封康叔」之說，乃自為反覆，何也？封以殷墟，姑用殷
> 罰，乃與新國之民相安，正是武王初得天下，初分封時事，若是後
> 來天下已定，法制通行，何以師用殷罰為哉？味「師殷罰有倫」句，
> 愈見得此為「武王命康叔」之辭，司字屬下句未順。〔註161〕

《蔡傳》疑陳呂二說釋「外事」，故云「外事」未詳。陳櫟引《左傳》「康叔
為司寇說」證實陳呂之說。陳櫟進一步據「師殷罰有倫」句，指出此章為武
王命康叔之辭，而非成王封康叔之說。

又，《顧命》「思夫人自亂於威儀，爾無以釗冒貢於非幾」，《蔡傳》云：

> 亂，治也。威者，有威可畏。儀者，有儀可象。舉一身之則而
> 言也。蓋人受天地之中以生，是以有動作威儀之則。成王思夫人之
> 所以為人者，自治於威儀耳。自治云者，正其身而不假於外求也。
> 貢，進也。成王又言群臣其無以元子而冒進於不善之幾也。蓋幾者，
> 動之微，而善惡之所由分也。非幾則發於不善而陷於惡矣。威儀，

---

〔註160〕〔元〕陳櫟：《書集傳纂疏》卷四，頁76。
〔註161〕〔元〕陳櫟：《書集傳纂疏》卷四，頁76。

舉其著於外者而勉之也；非幾，舉其發於中者而戒之也。威儀之治，皆本於一念一慮之微，可不謹乎？孔子所謂「知幾」，子思所謂「謹獨」，周子所謂「幾善惡」者，皆致意於是也。成王垂絕之言，而拳拳及此，其有得於周公者，亦深矣。〔註162〕

《纂疏》云：

> 呂氏曰：「人受天地之中，是以有動作威儀之則，以定命也。凡人有輕躁縱肆或逾其則，乃人自亂其威儀，天則本未嘗亂也。」愚案：呂解「自亂」甚當，而「非幾」欠緊切。蔡解「非幾」盡密，而「自亂」未允當。蓋云幾善惡，幾者，善惡所由分之微處也。威儀之亂，乃其著也，不待著而後戒也非之，幾方微萌於不善而向於惡，已當戒矣。爾臣其毋以釗冒進於非之幾乎？威儀之治亂，判於念慮之是非，自亂威儀，由冒進，非幾始以如以其君霸之以釗之得失以之者，格心之大臣也，即夫人之自亂於威儀者為戒，其必自無以君冒進於非幾者先之。曾子將終，示孟敬子以君子所貴乎道者三，惟在於容貌、顏色、辭氣之間，與成王臨崩告戒之言，意不相遠。其聞聖學之淵源於周公，而垂流派於洙泗者歟？疾，殆疾病危殆也。〔註163〕

《蔡傳》以「治」釋「亂」，所謂「自治」，即自治於威儀，正其身而不假於外求；所謂「幾」，即念慮之微而善惡之所由分也，「非幾」則人心發於不善而陷於惡矣。陳櫟認為，《蔡傳》釋「非幾」嚴密，而解「自亂」並不恰當。

又，《洛誥》「惟周公誕保文武受命，惟七年」，《蔡傳》云：

> 吳氏曰：「周公自留洛之後，凡七年而薨也。成王之留公也，言誕保文武受民公之復成王也。」亦言：「承保乃文祖受命，民越乃光烈考武王。故史臣於其終計其年曰「惟周公誕保文武受命，惟七年」。蓋終始公之辭云。〔註164〕

《纂疏》云：

> 張氏曰：「公輔成王，大保文武，所受命至此為七年矣。」愚謂：……惟七年有二說，蔡本葉、吳。今從張氏者。按《記》云「七年致政於成王。」王肅於《金縢》末云「武王年九十三，冬十一月

---

〔註162〕 〔元〕陳櫟：《書集傳纂疏》卷六，頁92。
〔註163〕 〔元〕陳櫟：《書集傳纂疏》卷六，第92頁。
〔註164〕 〔元〕陳櫟：《書集傳纂疏》卷五，第82頁。

崩，其明年稱元年。周公攝政遭流言，東征三年而歸，制禮作樂，出入四年六年而成，七年營洛邑，歸政成王。武王崩時，成王年已十三，至是年二十。」王肅此說與《記》合。七年始終，班班可考，葉、吳「留洛七年，而後公薨」之說，未見所據何。苦捨有據之說而從此乎？古無年號，只得表之曰「周公誕保文武受命之七年」，亦如左氏所謂「會於沙隨之歲，溴梁之明年」之類耳。兼之《康誥》脫簡之「惟三月哉生魄」，《蔡傳》既曰「周公攝政七年之三月」矣，此云「惟七年」乃曰「留洛之後七年而薨」。豈應攝政至是恰第七年，留後至薨又恰七年邪？由此言之，則知蔡傳二說自相牴牾，《康誥》得之，而《洛誥》失之也。〔註165〕

《蔡傳》釋「惟七年」採「周公留洛後七年而薨」說，並無實據，陳櫟據《禮記》「七年致政於成王」〔註166〕之說駁之，王肅釋《金縢》亦有此論。因當時沒有年號，故謂「惟七年」，《左傳》即有此例。實際上，《蔡傳》釋《康誥》「惟三月哉生魄」即云「周公攝政七年之三月」，陳櫟認為《蔡傳》解《洛誥》之說有誤。

又，《大誥》「王曰：嗚呼！肆哉，爾庶邦君越爾御事。爽邦由哲，亦惟十人迪知上帝命，越天棐忱，爾時罔敢易法，矧今天降戾於周邦？惟大艱人誕鄰胥伐於厥室，爾亦不知天命不易」，《蔡傳》云：

> 言昔武王之明大命於邦皆，由明智之士，亦惟亂臣十人，蹈知天命，及天輔武王之誠，以克商受。爾於是時，不敢違越武王法制，憚於征役。矧今武王死，天降禍於周。首大難之四國，大近相攻於其室，事危勢迫如此。爾乃以為不可徵，爾亦不知天命之不可違越矣。此以今昔互言，責邦君、御事之不知天命。案：先儒皆以十人為十夫，然十夫，民之賢者爾，恐未可以為「迪知帝命」，未可以為「越天棐忱」。所謂「迪知」者，蹈行真知之詞也。「越天棐忱」，天命已歸之詞也。非亂臣佐武王以受天命者，不足以當之。況《君奭》之書，周公歷舉虢叔、閎夭之徒亦曰「迪知天威」，於受殷命，亦曰「若天棐忱」。詳周公前後所言，則十人之為亂臣，又何疑哉？〔註167〕

〔註165〕〔元〕陳櫟：《書集傳纂疏》卷五，第82頁。

〔註166〕〔漢〕鄭玄注、〔唐〕賈公彥疏；王文錦整理：《禮記正義》卷三十一，北京大學出版社，1999年版，第934頁。

〔註167〕〔元〕陳櫟：《書集傳纂疏》卷四，第74頁。

《纂疏》云：

> 孔氏曰：「十人謂民獻十夫。」愚謂：爽明國事，實由哲人。爽邦，猶言通達國體也。十人即十夫，所謂爽邦之哲人也。亦惟此十人深知帝命，及天之匪忱，爾於常時尚不敢變易天命討之法，矧今天降戾鄰，胥伐胥、月相仇，事勢危迫如此爾。乃以為不可徵，是爾亦不知天命之不可變矣，以此解之豈不明順？蔡氏必以十人為十亂，費辭辨之，自「爽邦」至「匪忱」，本無武王時之意也。十夫十人前後相應，周公十亂之一，決不應自言之。〔註168〕

《蔡傳》釋「十人」為「亂臣十人」，謂孔安國以「十人」為「十夫」，十夫為民之賢者，非「亂臣」不能「迪知帝命」、「越天匪忱」。但陳櫟以「十人即十夫」為確，所謂「十夫」，即通達國體之哲人。在陳櫟看來，原因有三：一，自「爽邦」至「匪忱」，並沒有講武王時的意思；二，孔安國「十人謂民獻十夫」說本之《大誥》上文，十夫十人二者相應；三，周公十亂，此處決不應當自言。

由上諸例所析可見，陳櫟《書集傳纂疏》並沒有盲從《蔡傳》，而是沿承早年所撰《書解折衷》羽翼發明《蔡傳》的治《書》精神，能夠反思《蔡傳》存在的問題，從釋訓詁、地理、制度、解章句等諸方面對《蔡傳》亦多有駁斥，能夠發前人所未發，乃其真知灼見，頗有參考價值。

## 結　語

元儒陳櫟《書集傳纂疏》乃宋元《書》學集成之作。陳櫟早年所撰《書解折衷》初步羽翼《蔡傳》，對其多有所增益補闕、疑異駁正。元祐科舉後其撰《書集傳纂疏》在吸收《書解折衷》的基礎上，一仍早年治《書》理念，在纂集、汲取宋元諸家《書》說的基礎上疏解《蔡傳》：或「考《蔡傳》之本」、或「闕《蔡傳》之疑」、或「論《蔡傳》之優」、或「駁《蔡傳》之非」，對《蔡傳》多有「羽翼發明」、「增益補闕」，並沒有因為延祐科考《書》用《蔡傳》而改變其《書》學初衷。《書解折衷》、《書集傳纂疏》二書「不駁蔡」的比例在十分之七，〔註169〕故就整體而言，二書前後立場並沒有明顯

---

〔註168〕〔元〕陳櫟：《書集傳纂疏》卷四，第74頁。

〔註169〕詳許華峰：《論陳櫟〈書解折衷〉與〈書蔡氏傳纂疏〉對〈書集傳〉的態度——駁正〈四庫全書總目〉的誤解》，收于氏著《董鼎〈書傳輯錄纂注〉研究》附錄二。

變化，皆可視為宗《蔡傳》之作，但宗《蔡傳》雖是陳櫟《書》學基本立場，卻並非於《蔡傳》完全沒有異說。元祐科舉《書》用《蔡傳》並沒有使得《蔡傳》定為一尊，其對元代《書》學的影響並沒有四庫館臣所言之深，故《四庫提要》所謂「是書之作乃於《蔡傳》有所增補，無所駁正，與其舊說迥殊」的說法，實屬未察。《書集傳纂注》羽翼《蔡傳》，其在諸家之說的基礎上，從釋訓詁、史實、地理、名物、制度、解章意等諸方面全面疏解《蔡傳》，延續了朱子、《蔡傳》解經理念，能夠做到不囿於漢宋門戶，漢宋諸家兼採，闡發己之獨到《書》學見解，做到有理有據，不少說法能發前人所未發，頗有啟發意義。另外值得指出，陳櫟《書集傳纂注》屬於元代經學「纂疏」體其中之一部，兩宋很多已亡佚的重要《書》學著作藉此書可窺一斑；至明代編修《書經大全》即全襲用陳櫟《書集傳纂注》，此書對明清科舉考試產生了深遠影響。

# 《論語》「廄焚」章與孔子仁的人類意識

馬永康

《論語・鄉黨》「廄焚」章原文為：

> 廄焚。子退朝，曰：「傷人乎？」不問馬。

全章用簡潔的文字記錄了孔子在面對馬廄焚燒事情中的舉動，文意並不複雜，但由於問人、不問馬的對比，牽涉到孔子仁民、愛物的形象，引發了不小的爭論。傳統主流解釋將章旨釋讀為「貴人賤畜」，似與孔子仁民愛物的形象存在一定的緊張性。為了消解這種緊張，出現了諸種不同的解釋嘗試，持續至今。對此爭論，有不少問題需作進一步釐清：主流解釋何以堅持「貴人賤畜」？主流解釋之外的諸種嘗試未能被廣泛接納，其不足在哪裏？到底應如何理解本章中孔子對人和馬的態度？由於孔子的思想以仁為核心，這涉及孔子仁的某些特徵。

圍繞以上問題，本文將從《論語》解釋史入手，首先梳理主流解釋對本章的釋讀，其次梳理主流解釋之外的諸種嘗試及其問題，最後回歸歷史語境，審視孔子的仁及其對人、物的不同態度。

## 一、主流「重人賤畜」的解釋與聖人愛物的緊張

對《論語》「廄焚」章的主旨解釋為「重人賤畜」，始於鄭玄，並為何晏等沿承，成為主流解釋。

在《論語集解》中，何晏直接引用鄭玄的注：

> 鄭玄曰：「重人賤畜也。退朝者，自魯之朝來歸也。」[註1]

---

〔註1〕皇侃撰，高尚榘校點：《論語義疏》，中華書局，2013 年，第 254 頁。

　　鄭注以簡潔的文字提供了重要信息：「重人賤畜」是對章旨的概括，意味著「不問馬」成句，與「傷人乎」的問人形成對比，畜是對馬的抽繹；「退朝」被解釋為孔子從魯朝回來，意味著事情發生在孔子仕魯時，焚燒的是孔子家廄。

　　皇侃在疏解《論語集解》時，進一步將鄭注加以明確化：「孔子家養馬處被燒也。……從朝還退，見廄遭火。廄是養馬處。而孔子不問傷馬，唯問人之乎，是重人賤馬，故云『不問馬』也。王弼曰：『孔子時為魯司寇，自公朝退而之火處。不問馬者，矯時重馬者也。』」〔註2〕明確所焚為孔子家廄，同時引用王弼注，將事情發生時間細化為孔子任魯國司寇時，提出孔子意在以行動來矯正重馬的時人觀念。

　　按照鄭玄等的注解，此章「不問馬」成句，章旨是體現孔子的重人賤畜思想。至遲到唐代，對這種釋讀出現了異議。〔註3〕唐代陸德明《經典釋文》記載了兩種句讀方式：

　　　　「傷人乎」絕句，一讀至「不」字絕句。〔註4〕

　　前者即為鄭玄等的句讀方式，後者將「傷人乎不」合成一句，「問馬」單獨成句。後一種新句讀在當時似乎有一定的影響力，唐代李匡乂《資暇錄》、李涪《刊誤》均有記載。何以會出現不同的句讀？李匡乂《資暇錄》對此有解釋：

　　　　「傷人乎不問馬」。今亦為【謂】韓文公讀「不」為「否」，云
　　　　仁者聖之亞，聖人豈仁於人、不仁於馬，故貴人所以前問，賤畜所
　　　　以後問。然而「乎」字下豈更有助詞？斯亦曲矣。況又非韓公所訓。
　　　　按陸氏《釋文》已云「一讀至『不』字句絕」，則知以「不」為否，
　　　　其來尚矣。〔註5〕

　　據此可知，當時傳聞韓愈將「不」字讀為「否」，連上讀。李匡乂澄清這並非出自韓愈，而且陸德明《經典釋文》早已有載。而新句讀的出現，是不滿於鄭玄等的句讀呈現出孔子「仁於人、不仁於馬」的形象，這與聖人應仁愛人、馬不合。按照新句讀，孔子先問人後問馬，其先後次序既維持了「貴

---

〔註2〕皇侃撰，高尚榘校點：《論語義疏》，第254頁。
〔註3〕漢代揚雄《太僕箴》有「廄焚問人，仲尼深醜」句，但對此句是否反對貴人賤畜有爭議。詳見下文。
〔註4〕陸德明：《經典釋文》卷二十四，清抱經堂叢書本。
〔註5〕李匡乂：《資暇集》卷上「問馬」，明正德嘉靖間顧氏文房小說本。

人賤畜」，又可體現出聖人仁及萬物的觀念。由此可見，新句讀的出現是完善孔子形象的思想需要，並非原句讀在語法有問題。除了這種新句讀之外，唐代還出現了將「不」獨立成句的句讀方式，下文再述。

然而，這些新句讀方式雖然產生了一些反響，但後續的重要注本並不採納，而是沿承鄭玄等的句讀。

北宋邢昺在《論語注疏》中堅持「此明孔子重人賤畜也」，並特別說明：「『不問馬』一句，記者之言也。」〔註6〕邢昺此語強調「不問馬」成句，似是回應此前的異讀，申張鄭玄等的句讀。但由於沒有申說，具體詳情不得而知。

與邢昺不同，朱熹對此章的思考留下了文獻，顯示出其細密的考慮。《論語或問》記道：

> 或問：廄焚而不問馬，何也？曰：退朝聞之，一時之間，急於問人，故未及問馬爾，然亦豈終不問哉？蓋必將有以告者矣。諸說惟尹氏得之。……曰：陸氏《釋文》一讀至不字絕句，如何？曰：於理則通，然亦不辭矣。曾氏又以不字自為一句，亦未安也。〔註7〕

這則問答體現了朱熹對本章的義理及句讀的考慮：在句讀上，朱熹知道陸德明記載的「讀至不字絕句」，而且也知道曾氏「讀至不字絕句」，但認為它們在義理上可通，但「不辭」或「未安」。也就是說，這兩種異讀在義理上能夠展現聖人仁及萬物的形象，但在語言表達上有問題。這表明，朱熹對比過不同句讀方式，鄭玄等的句讀因合理而被選用。在義理上，通過比較宋儒的不同注解，朱熹認為尹焞的「貴人賤畜，理當然也。君子親親而仁民，仁民而愛物之意」最能把握章旨。〔註8〕尹注以《孟子·盡心上》的論斷為據，偏於以仁愛對象的差序格局來解讀孔子問人不問馬的行為，認定貴人賤畜是「理當然」。但對朱熹而言，儘管仁愛的對象呈差序格局，但仁愛應貫通其中，由此觀照尹注，不足之處是未解釋「不問馬」的原因，使聖人在愛物上有缺。朱熹認為，孔子在退朝後聽聞馬廄被焚，倉促間只問了傷人，未來得及問馬；或者在問之前，已有人來告之。言下之意是肯定聖人懷有愛馬

---

〔註6〕 十三經注疏整理委員會：《論語注疏（十三經注疏）》，北京大學出版社，2000年，第153頁。

〔註7〕 朱熹：《四書或問》，朱傑人、嚴佐之、劉永翔主編：《朱子全書》第六冊，上海古籍出版社、安徽教育出版社，2002年，第783頁。

〔註8〕 朱熹：《論孟精義》，朱傑人、嚴佐之、劉永翔主編：《朱子全書》第七冊，第368頁。

之心，只是情境倉促未及外顯為行動，以便消解不問馬與聖人愛物的思想緊張。

在《論語集注》中，朱熹以簡潔的文字呈現其想法：

> 非不愛馬，然恐傷人之意多，故未暇問。蓋貴人賤畜，理當如此。〔註9〕

第一句表明孔子並非沒有愛馬之心，只是對人的關切過於強烈，對馬「未暇問」。「未暇問」和前述「不及問」意義相差不大。其意在於通過心和行的分別，肯認孔子有愛馬之心，但情境急促而使其心未能外顯為問馬。第二句是從義理角度闡發聖人的思想。從「貴人賤畜」的用語來看，應是取自尹注，但與鄭玄等的「重人賤畜」意義相通。與尹注相比，朱熹使用了含大概之意的發語詞「蓋」，似仍有不安。

儘管朱熹《論語集注》已考慮較細，但遭到了元代陳天祥的尖銳批評：

> 「未暇問」乃是心欲問而無暇以及之也。「理當如此」卻是理不當問也。一說而分兩意，理皆不通。問人之言止是「傷人乎」三字而已，言訖問馬，有何未暇？雖曰貴人賤畜，馬亦有生之物，焚燒之苦，亦當愍之。今曰「貴人賤畜，理當如此」，其實豈有如此之理？〔註10〕

陳天祥提出，朱注前句「未暇問」是想問而來不及，而後句「理當如此」則是不應當問，消解了想問的可能性，前後矛盾。而且，兩句話各自都不能成立。「未暇問」理據不充分，因為問人和問馬只需講簡單幾個字，不需花費太長時間；「理當如此」則否定了聖人的愛物之心。這些批評並非無據，因而朱熹採用鄭玄等的句讀，試圖從借助於情境的倉促性來實現心、行的分離，未能很好解決孔子問人不問馬與仁民、愛物的緊張。

儘管朱注有不足之處，但鄭玄等的句讀以及依此概括的貴人賤畜章旨，得到了後續諸如劉寶楠《論語正義》等的支持。〔註11〕原因不難理解，這種句讀具有合理的語言優勢。這些歷代重要注解，共同構築起對本章的主流解釋。然而，這種解釋引發的「不問馬」與聖人愛物的緊張，成為後續解釋者的動力，出現了不少消解緊張的嘗試，至今還在持續。

---

〔註9〕朱熹：《四書章句集注》，中華書局，1983 年，第 121 頁。
〔註10〕陳天祥：《四書辨疑》卷六，清文淵閣四庫全書本。
〔註11〕劉寶楠撰，高流水點校：《論語正義》，中華書局，1990 年，第 422～423 頁。

## 二、諸種消解可能緊張的嘗試及其不足

綜觀解釋史上消解聖人「不問馬」與愛物的緊張的諸種嘗試，可按是否改變句讀為標準，分為兩類：第一類是使用新句讀，對本章的主流解釋作釜底抽薪式的解構；第二類是採納主流句讀，但提出新解釋。但這些嘗試都存在著不同程度的不足。

### （一）新句讀的使用及其問題

古漢語不使用標點符號，依靠固定的語序和獨立的虛詞來表達語義。不同的句讀方式借助對語詞的不同分隔，形成新的語義。因而，採用新句讀往往能呈現出意想不到的效果。對於本章，曾出現過兩種不同的句讀。

第一種，將「不」字連上讀，最早記載於陸德明的《經典釋文》。按此，「傷人乎不」連為一句，「不」被釋為否，是孔子的問話內容，而「問馬」則變成記錄者的補充。如此，本章變成孔子先問人後問馬，傳達了聖人仁民愛物的思想。如前所述，這種句讀在唐代曾有一度的影響，但唐人李匡乂從語言角度予以否定：「然而『乎』字下豈更有助詞？斯亦曲矣。」〔註12〕亦即「乎」下不能再帶助詞「不」。

第二種，將「不」字獨立成句。從目前文獻來看，這種句讀的最早提出者是唐人李匡乂。他依據「不」讀為「否」而提出：

> 若以「不」為否，則宜至「乎」字句絕，「不」字自為一句。何者？夫子問傷人乎，乃對曰否。既不傷人，然後問馬，又別為一讀。豈不愈於陸氏云乎？〔註13〕

「不」獨立成句後，成為孔子「傷人乎」之問的答語，「問馬」再作一句。這樣，可以避開「傷人乎不」兩助詞的重疊，同時使孔子先問人後問馬，兼顧了聖人的仁民、愛物一體形象。

儘管上述兩種句讀能夠消解本章的思想緊張，但均未能成為主流，第一種唐後較少人提及，第二種後世仍不乏支持者。這是由於它們在語言層面上有著明顯的不足，一直備受批評。朱熹在《論語或問》中已認定它們「不辭」或「未安」。而當代學者楊逢彬則通過數據庫考查古漢語句例，從社會語言學角度否定了它們的可能性：對於第一種句讀，他認為先秦文獻「未見一例『乎不』『乎否』。『乎否』最早見於宋代文獻……當然，口語中可能早些，

〔註12〕李匡乂：《資暇集》卷上「問馬」。
〔註13〕李匡乂：《資暇集》卷上「問馬」。

但不可能早至先秦時期。……『乎不』則晚於宋代的文獻也未之見。」對於第二種句讀，他提出：「先秦典籍如《孟子》中，確有多處『否』單獨為一句話回答他人問話，但前面都有一個『曰』字，絕大多數後面還緊接著有一段議論。……甚至，自己說話，中間停頓一下，停頓後說的話之前也要加上一個『曰』，如《陽貨》第一章陽貨說的一段話中，就插入了三個『曰』字。」〔註14〕由此，這兩種句讀不能成立。

## （二）基於主流句讀的新解

主流句讀無疑自然而合理，依此而出現的孔子不問馬與愛物的緊張，可否通過新的解釋來消解？為此，出現了不同的嘗試。

首先，問題根源在於文本的「不問馬」三字。於是，有人提出直接去除這三字。如金代王若虛提出「蓋其已見，故不必問。初豈有深意哉？特弟子私疑而記之耳。本不須著此三字。」此說為元代陳天祥轉引，並推許「此說決盡古今之疑」〔註15〕。然而，這種解釋有著明顯不足：按照看到了馬的傷亡而不需問的邏輯，孔子當時也看到人員的傷亡，何以要問？同時，這不僅未能體會記錄者在問人和不問馬形成鮮明對比的用意，而且還將導向懷疑經典。除此之外，現代學者王叔岷受《論語‧子罕》「歲寒，然後知松柏之後凋也」的後一「後」有「不凋」之義，提出「不問馬」的「不」也可釋為後。〔註16〕後有一些學者推舉此說。但是，有學者指出：「且不說『後』絕無『不』義，即使有，又怎麼能據此說明『不』有『後』義呢？」〔註17〕

其次，在尊重經文的前提下，提供不問馬的有效理由，也是消解緊張的可行思路之一。朱熹就這樣做，但其「未暇問」不能湊效。張自烈《四書大全辨》就以此思路來消解緊張：

> 《家語》與《論語》及《禮記》所載廄焚本一事，而《論語》、
> 《雜記》去「國」字，非脫也。《周禮》：「六係成廄，諸侯也。六廄
> 成校，天子也。」大夫止稱皁，稱係，稱閑，不得稱廄。《周禮》之
> 文甚明，故言廄可不煩言國廄也。或曰：國馬何以不問？曰：國馬
> 則有圉人、皁人、趣馬、馭夫、僕夫、校人主之，是以不問也。魯廄

---

〔註14〕楊逢彬：《論語新注新譯》，北京大學出版社，2016 年，第 200～201 頁。
〔註15〕陳天祥：《四書辨疑》卷六，清文淵閣四庫全書本。
〔註16〕王叔岷：《〈論語〉「傷人乎不問馬」新解》，此文原刊於 1972 年 1 月 1 日的《南洋商報》，後收入《慕廬論學集》（一），中華書局，2007 年，第 199～203 頁。
〔註17〕楊逢彬：《論語新注新譯》，第 201 頁。

大火，孔子非退朝始聞，蓋退朝而始至火所。時為司寇，《周禮・秋
官・司民》：「司寇，司傷人者也。」非無事而空問也。故問傷人者，
司寇之火政。不問馬者，圉師輩之職掌也。〔註18〕

張自烈引用《周禮》，稱大夫「不得稱廄」，將《孔子家語》《論語》《禮
記》關於馬廄焚燒的不同記載，統一為一事，認定為是魯國公廄焚燒，而非
孔子家廄。而當時孔子任魯國司寇，出於「不在其位，不謀其政」（《論語・泰
伯》），故問人不問馬。通過訴諸職責來解釋孔子的不問馬，如能成立，顯然
更易讓人接受。但是，張自烈的考證面臨著太多問題：所引《周禮》出自《夏
官・司馬》，主要涉及養馬人員的設立而非對稱「廄」的禮法規定，而《詩經・
小雅・鴛鴦》有「乘馬在廄，摧之秣之。君子萬年，福祿艾之」之句，表明貴
族亦可有馬廄，無法確證大夫「不得稱廄」；儘管《論語》「廄燒」章所燒的馬
廄雖有爭議，但試圖用《孔子家語》《禮記》來證成《論語》「廄焚」章燒的是
國廄，並不具說服力，至少按《禮記・雜記下》所記，焚燒的應是孔子家廄。
〔註19〕此外，若國廄焚燒，也不可能等到退朝後才處理，馬可是當時非常重
要的戰略物資。

除了張自烈外，近代楊文會、熊十力等主張孔子不問馬的原因，是馬廄裏
沒有馬。楊文會認為：

此章各家注解，均未達其意。一者解「不問馬」之言，謂孔子
貴人而賤畜，不合埋馬以帷之義。二者以「不」字連上讀，謂先問
人而後問馬。似覺有理，然亦尋常之事，門人所不記也。當知廄中
本自無馬，馬從朝中駕車而歸。孔子見廄已焚，只問傷人一語，絕
無詰責之辭。門人見其不動聲色，異而記之。後人妄添「不問馬」
三字，遂使意味索然也。〔註20〕

依此解釋，馬都被用於駕車上朝，馬廄中沒有馬，故而孔子只問了是否
傷人。由此，他認為「不問馬」為後人妄添。作為儒者的熊十力為維護儒家
經典的權威，對楊文會的說法作了修正：「楊仁山居士疑《論語》有後人攙
加字句處。……吾謂楊氏說未妥。此處，正見記者記錄必求詳實。其於夫子
一言一動，直是仔細留心，樸實描寫。夫子不曾問馬，他便據當時情態記錄。

---

〔註18〕轉引自程樹德撰，程俊英、蔣見元點校：《論語集釋》，中華書局，1997 年，
第 713 頁。
〔註19〕王夢鷗注譯：《禮記今注今譯》，新世界出版社，2011 年，第 376 頁。
〔註20〕楊仁山：《楊仁山大德文彙・論語發隱》，華夏出版社，2012 年，第 388 頁。

然已於上文記子退朝，則所以不問馬之故自可見得。並非如朱注所謂貴人賤畜也。」〔註21〕

暫不論楊、熊對經典的態度，兩人都主張馬都用於駕車上朝，反對「貴人賤畜」的主流解釋。馬廄有沒有馬是關鍵。晚清宦懋庸曾依據《禮記・少儀》等提出「諸侯二車七乘，上大夫五乘，下大夫三乘，士有二車，庶人牛車。又按車一乘四馬。孔子上大夫，馬數不下二十匹。」〔註22〕依此說，孔子時任魯國上大夫，擁有馬匹的數量肯定多於駕車上朝之數。此外，孔子強調「凡事豫則立，不豫則廢」（《中庸》第二十章），很難想像孔子僅備夠駕車上朝的馬匹，而不考慮諸如馬匹生病等意外情況。由此，兩人的主張不能成立。

再次，能否從貴人賤畜之外的角度來概括章旨？王夫之曾提出一種看法：

夫馬有死者，則皂人必以告，而可無待問。至於人之或傷與否，雖必知之，而怵惕之仁，不能自己。唯貨利之心淡泊而不擾其寧靜，惻隱之情肫摯而無旁分，故如此。〔註23〕

馬和人的傷亡雖然都會有人來告知，但由於孔子仁心不能自控，故而馬上問人。王夫之繼而從「惻隱之情」與「貨利之心」的對比來解釋問人不問馬。這隱含著章旨為貴人命而輕貨利。程樹德支持王夫之的看法，並補充道：

……果如《集注》所說，孔子所以不問馬者，蓋重人命而輕財產。《大學》：「孟獻子曰：『畜馬乘不察於雞豚。』」《曲禮》：「問庶人之富，數畜以對。」……孔子係大夫，家中當有養馬。不問者，世人多重視財產，聖人獨否，故弟子特記之。若貴人賤畜，庸夫俗子皆知之，何必聖人？王氏之說是也。〔註24〕

程樹德列舉了歷史文獻來表明馬是當時重要的財產，並認為貴人賤畜為一般人所知，以一立一破的方式來確認章旨是重人命輕財產。但其破很可疑，對一般人而言，何以重人命輕財產比貴人賤畜更難知曉？更重要的是，重人命輕財產的釋讀雖然在字面上繞開了貴人賤畜，但按照傳統儒學仁愛對象的差序格局來看，並不見得具有解釋優勢：一方面，馬作為活物，與一般財產不同，仍然無法消解不問馬與愛物的思想緊張；另一方面，馬作為活物，排

---

〔註21〕熊十力：《十力語要》，遼寧教育出版社，1997 年，第 3 頁。

〔註22〕宦懋庸：《論語稽・鄉黨稽第十》，維新印書館，1913 年。

〔註23〕王夫之：《四書訓義》，轉引自程樹德撰，程俊英、蔣見元點校：《論語集釋》，第 715 頁。

〔註24〕程樹德撰，程俊英、蔣見元點校：《論語集釋》，第 715 頁。

在死物（財產）之前，貴人賤畜在邏輯上可涵攝重人命輕財物。

綜上可見，消解本章與孔子愛物緊張的諸種努力都存在著不足，並未湊效。

## 三、「貴人賤畜」與孔子仁的人類意識

既然上述諸種努力都未能令人信服，那麼有必要重新審視「廄焚」章，以便作一些釐清。

如前所述，在幾種可能句讀中，主流句讀無疑最自然、合理，這為重審提供了可靠的基礎。按照這一句讀，「傷人乎」應出於孔子在馬廄焚燒現場的詢問，「不問馬」是記錄者在觀察孔子的舉動後事後作出的概括。一般情況下，馬廄焚燒至少涉及三樣事物：人、馬以及馬廄建築等。記錄者選擇補充不問馬，有意與問人形成對比。這不僅在於馬和人可移動，馬廄等不可移動，其焚毀直觀可見，更重要的是在一般時人眼中，人、馬的價值有明顯的高低之別。此處的人能被馬廄焚燒波及，主要指奴僕等養馬者。在孔子所處的春秋時期，社會等級鮮明，不同身份地位的人有明顯的價值之別，王公貴族處於最高層，奴僕或奴隸最低層。據《史記·秦本紀》載，秦穆公按照當時奴僕的價格，以五張黑色公羊皮（「五羖羊皮」）贖回了被楚國捉獲的百里奚。與此不同，馬雖然是牲畜，但在中國古代社會，價格一直居高不下。頗具寫實精神的《金瓶梅》，第九回敘述西門慶用五兩銀子買了小玉服侍月娘，用六兩銀子買了秋菊作為潘金蓮的上灶丫頭，而第四十三回記載兩匹普通馬要價七十兩。在等級制已淡化的後世，馬的價格仍然高於奴僕，春秋時期無疑更甚。因而，春秋時期普通人在面對馬廄焚燒時會先問馬，而孔子則問人不問馬，異乎尋常。記錄者因而將它記錄下來，並借助問人不問馬的強烈對比，引導讀者去思考孔子舉動的思想意蘊。如果缺失了這個概括補充，整章將變得平淡無奇，其指示性就大打折扣，因而不能簡單地去掉「不問馬」。

孔子問人不問馬，首先顯示出在其眼中，不管什麼地位、身份的人，都具有被關切的優位性。在某種程度上，這可看作是孔子倡導仁者「愛人」的一個實踐範例：

> 樊遲問仁，子曰：「愛人。」問知，子曰：「知人。」樊遲未達，
> 子曰：「舉直錯諸枉，能使枉者直。」樊遲退，見子夏，曰：「鄉也吾
> 見於夫子而問知，子曰：『舉直錯諸枉，能使枉者直』，何謂也？」
> 子夏曰：「富哉言乎！舜有天下，選於眾，舉皋陶，不仁者遠矣。湯

有天下，選於眾，舉伊尹，不仁者遠矣。」（《論語·顏淵》）

樊遲向孔子請教仁和智，被分別告以「愛人」「知人」，但未明確所愛或知的人的範圍。隨後，樊遲追問孔子如何做到「知人」，孔子給出了舉用人才的回答。樊遲仍不解，故而退後向子夏請教。依子夏的解釋，「選於眾」的「眾」，已經跳脫了血緣、地位等限制，泛指普遍的人，伊尹即為農民。而知人、愛人的所指範圍應一致，可知在孔門內，所知、所愛的人泛指普遍的人。事實上，孔子也有「泛愛眾」（《論語·學而》）的教誨。由此，「愛人」作為孔子仁的基本含義，其對象指向人類，帶有明確的人類意識。

如果回歸歷史語境，可以發現將普遍的人類作為仁的對象，是孔子對仁的一個有力推進。孔子並非歷史上最早倡導仁的人，此前仁已成為重要的德目，但對象並未指向普遍的人。如晉獻公的妃子驪姬說：

> 吾聞之外人之言曰：為仁與為國不同。為仁者，愛親之謂仁；
> 為國者，利國之謂仁。（《國語·晉語一》）

驪姬的話，依據不同目的區分了兩種行仁：對一般道德而言，愛親已是行仁；對效忠國家而言，對國家有利才算行仁。驪姬自稱「聞之外人」，並引以為據，表明這種觀念在當時有一定的代表性。這意味著，仁作為當時的一般道德標準，其對象還未完全跳脫出親人的範圍。而孔子以愛親為出發點，將仁的對象推廣到人類，去除了原有的親緣等限制。對此，陳來概括道：「總起來看，西周的『仁』以愛親為本義，但到孔子已經把愛親發展為愛人，並把愛人之『仁』化為普遍的倫理金律，故那種強調仁的血緣性解釋的觀點對孔子而言是不對的。」〔註25〕「廐焚」章即展示出孔子將人類意識落實到仁的實踐中，關切作為類的人，而不論其身份、地位。這無疑是思想史上的一個進展。

然而，孔子雖然擺脫了愛親的限制，但從個體出發向外推擴到人類，形成了人類意識，對人類之外的物關切度較低。這不僅是孔子，而且是整個先秦儒學共有的特色。由於孔子在這方面的概括性闡述較少，而孟子曾直截明快地提出應以不同的道德標準或情感來對待不同對象，不妨以他為參照。孟子說：

> 君子之於物也，愛之而弗仁；於民也，仁之而弗親。親親而仁
> 民，仁民而愛物。（《孟子·盡心上》）

---

〔註25〕陳來：《仁學本體論》，生活·讀書·新知三聯書店，2014年，第129頁。

孟子善於「推類」，明確提出「凡同類者，舉相似也」（《孟子·告子上》）。在引文中，孟子以個體為中心，將世界的事物按其與個體的親疏程度區分為三類：具有親緣關係的親人，同屬於人類的民，共存天地之間的萬物。與此相應，形成了親、仁、愛三種強烈程度逐級下降的道德要求或情感。下面僅就其中與本文相關的「仁民」「愛物」作簡要討論。

第一，仁與「民」對應，不適用於親人和萬物。此處所說的「民」，按照「聖人，與我同類者」（《孟子·告子上》）的說法，指包括聖、凡在內的普遍人類。

以此為參照，前溯孔子《論語》中論及仁時，無一例外都指向人。孔子曾直言：「鳥獸不可與同群，吾非斯人之徒與而誰與？」（《論語·微子》）人類和鳥獸有著明顯的不同，人不能與鳥獸合群，只能與人類打交道。向後延伸至荀子，亦將仁限定於愛人，如「仁者愛人，義者循理」（《荀子·議兵》）、「仁者必敬人」（《荀子·臣道》）等。即便到漢代，仁亦指向人。《淮南子·主術訓》寫道：「遍知萬物而不知人道，不可謂智；遍愛群生而不愛人類，不可謂仁。仁者愛其類也，智者不可惑也。」仁適用於人類而非萬物，是因為萬物和人不是同類。這表明到漢代為止，人與物的類別界限非常清楚，人類意識已然自覺；仁是人類之間的主要準則，不用於萬物。

第二，「愛」對應於物。對孟子而言，因應萬物的不同，「愛」有一些差異。《孟子·梁惠王上》稱「所以不違農時，穀不可勝食也；數罟不入洿池，魚鱉不可勝食也；斧斤以時入山林，材木不可勝用也」，只要按照時節，穀物、魚鱉、樹木就可以食用或砍伐。這是出於節用有度的愛惜。而《孟子·梁惠王上》則說：「君子之於禽獸也，見其生，不忍見其死；聞其聲，不忍食其肉。是以君子遠庖廚也。」對於禽獸，不只是一般愛惜，還伴有某種程度的「不忍」之心，即「見其生」「聞其聲」而不忍「見其死」「食其肉」。這種「不忍」受現場見聞而觸發，因而一旦脫離了現場（「遠庖廚」）便不會發動。這種「愛物」的差異，是以人類為參照標準得出。禽獸比穀物等在外在可感特徵上更近於人類，如動作、叫聲等，因而在現場看到時，易於觸發人的「不忍」之心，需要避開。〔註26〕這也意味著，愛物是通過對比人類的差異而出現，依賴於現場觸動，還沒有形成自覺的意識。

---

〔註26〕陳立勝在《「形的良知」及其超越——兼論新儒學與基督教仁愛模式之異同》（《孔子研究》1997 年第 2 期）將這種「不忍」概括為「形的良知」。

　　以此為參照，《論語》所記錄的孔子對物的愛與此相似。如「不時不食」（《論語‧鄉黨》）體現的是節用有度的愛惜；「釣而不綱，弋不射宿」（《論語‧述而》），不用大網將魚一網打盡，頗類於節用有度的愛惜，而不用繫絲繩的箭射殺歸宿的鳥，則屬於取之無道，帶有某種來自於現場的「不忍」。一旦脫離了現場的觸動，就可以「食不厭精，膾不厭細」（《論語‧鄉黨》）。與此形成對比的是，《孟子‧梁惠王上》載：「仲尼曰：『始作俑者，其無後乎！』為其象人而用之也。」孔子僅因為人俑與人類的形象有些相像，就嚴厲批評用人俑陪葬的做法，不需要現場情景觸發，背後挺立的是自覺的人類意識。

　　由此可見，自孔子將仁的對象從愛親推到普遍的人類後，先秦乃至漢代儒學所講的仁，都只用於人類，不用於萬物，體現出人類意識的集體自覺。而「愛物」則受人類意識的局限而未形成理論自覺，而需依賴於現場的觸動，而採取不同的對待方式。後來，宋明儒學借助於氣論，提出「萬物一體」或「萬物一體之仁」，在某種程度上超越了人類意識，使愛物上升到自覺意識的層次。

　　「廄焚」章所記錄的孔子問人不問馬，正體現出孔子仁的人類意識及其局限：一方面，孔子已將仁從愛親推進到泛愛人類，具有人類意識的自覺。面對馬廄焚燒時，出於對人類的自覺關切而問人，不需要現場人的叫聲等的觸發。另一方面，受人類意識的影響，仁的對象並不包含萬物，對待萬物的道德情感或責任比人類要弱得多。不問馬，則是對物的關切度還不夠，需要現場的馬叫、氣味等觸發。如果馬被及時轉移，現場沒有馬叫聲等因素觸發，不問馬也屬正常。由於記載過於簡單，而當時的具體情景已無法知曉，因而無法確證。後世的注解中，唐代之前對孔子不問馬沒有異議，而唐代及以後才將它與愛物的緊張顯題化，這很可能是出於佛教悲憫有情眾生思想對傳統儒學的激蕩等相關聯。傳統儒學為對抗佛學，塑造出聖人親親、仁民、愛物的一體形象，將三者之間的落差縮小，甚至以仁來對待物。這無疑是傳統儒學的一大進展，使它在某種程度上超越了人類意識。但是，以「仁於物」來否定孔子的「賤畜」，無疑犯了仁觀念的「時代倒置」謬誤。

## 結　語

　　傳統主流解釋將「廄焚」章的章旨抽繹為「貴人賤畜」，似乎與聖人仁民愛物的形象存在緊張，引發了後世的爭論。如果回到先秦的歷史語境，可以看到孔子的問人不問馬反映出其仁的人類意識及局限：將仁從愛親推進為泛愛

人類，體現出人類意識的自覺，這是思想史的一個進展；但受制於人類意識，仁的對象並未推至萬物。誠然，本章所呈現的孔子帶有某種人類中心主義色彩，但這無損於孔子的偉大形象。人類中心主義本來就是每一個民族早期歷史的普遍心理。儘管從現代的角度來看，孔子不如老、莊為代表的道家那樣持非人類中心主義，但也「愛」物。只是這種「愛」基於節用有度及現場的觸動，還沒有完全上升到意識自覺的高度。這種人類中心主義色彩，與人可以任意掌控生物的死活的思想相比，顯然要弱得多。後世的宋明儒學，通過氣論等，將孔子對物的愛惜進一步發展成「萬物一體之仁」，將仁的對象推進到萬物，使它在某種程度上超越於人類中心主義。

基金項目：本研究獲得國家社科基金重大項目「四書學與中國思想傳統研究」（項目號：15ZDB005）資助

# 《古樂經傳全書》成書始末考

孫偉鑫

　　湛甘泉為明代大儒，一生遍注經典，然目前學界對其研究領域主要涉及心性工夫等方面，學界討論已然十分豐富。實則據筆者目力所見，湛甘泉一生在注解經典方面著述頗豐，在此方面目前學界尚未引起足夠的重視。[註1]實則湛甘泉頗通音律，同時作為心學家，他的著作不單涉於樂學方面，更指向儒家的樂教思想。《古樂經傳全書》是湛甘泉與高足呂懷所撰。由於《樂》經失傳，因此湛甘泉嘗試從各項經典中摘錄出古《樂》相關的文獻，綴合而成經傳，故稱《古樂經傳全書》。然而該書長期以來未進入學界研究的視野，因此對其成書的過程及樂教思想存在著一些問題，故而本人試圖通過澄清該書的成書過程，以期揭櫫湛甘泉作《古樂經傳全書》的過程，以俟方家指瑕。

## 一、《古樂經傳全書》的內容與體例

　　此處主要對《古樂經傳全書》的內容結構、篇目、體例等基本情況略作介紹，以為後文探討進行必要的鋪墊。

### （一）《擬補古樂經》

　　秦火以來，六經遭厄，《樂》經失而不傳，後世亦不得知曉聖人著述《樂》

---

〔註1〕湛甘泉一生關涉的經學著作存名的至少有《古易經傳》《詩經鼇正》《二禮經傳測》《春秋正傳》《古樂經傳全書》《四書訓測》，筆者曾就此做過相關統計，參筆者學位論文《湛甘泉山水詩研究》，目前僅有馬寄、陸永勝所撰《明代心學經學詮釋觀的兩種圖式——以王陽明、湛甘泉為中心》（《學術研究》2021 年第 10 期）、張曉生所撰的《湛若水經學初探》（《東吳中文研究集刊》第 3 期，1996 年 5 月）、劉德明（Te-Ming Liu）所撰《湛若水對程頤、胡安國〈春秋〉》學的批評與觀點》（《當代儒學研究》第 6 期，2009 年 7 月），總體而言對湛甘泉從經學角度進行研究的成果不足。

的內容。既然失傳已久，後世學者蓋而言之或認為《樂》原無經書，或認為《樂》古存今亡，或認為《樂》存而未逸。〔註2〕湛甘泉分別輯取《尚書》《論語》《孟子》中涉樂之文，以《尚書》——《論語》——《孟子》的順序，在《尚書》中的篇目為《舜典》——《大禹謨》——《益稷》，〔註3〕由此可見，湛甘泉對於古《樂》經文的綴合補擬是以三代、孔子、孟子的時代順序進行編排的，同時其認為「《經》主於度數」。

### （二）《古樂正傳》

此部分為湛甘泉門人呂懷所著，分為律本、律變、侯氣、納音、考聲、均調、律義、律數、器準、天道十個部分，皆為闡釋十二律呂的推衍變正而著，用呂懷自言便是：「以備《樂》之始終也。」〔註4〕

### （三）《古樂本傳》

湛甘泉作著《古樂本傳》實則為《禮記·樂記》的全文移錄，隻字未改，以「魏文侯問於子夏」為界分之為二，前為上，後為下，在《古樂本傳上》多：「《傳》以明義理」〔註5〕幾字。

### （四）《古樂別傳》

湛甘泉作著《古樂別傳》為《周禮·春官宗伯下》的內容，對讀二文，有12處不同於《周禮》經文，見列表1如下：

| 《周禮》 | 《古樂別傳》 |
| --- | --- |
| 「樂師掌國學之政」 | 「樂司掌國學之政」 |
| 「詔及徹」 | 「及徹」 |
| 「及序哭」 | 「及序器」 |
| 「凡樂官掌其政令」 | 「凡樂掌其政令」 |
| 「大師掌六律六同」 | 「大思樂六律六同」 |
| 「大師執同律」 | 「大司執同律」 |
| 「大喪帥瞽而廞」 | 「大喪師瞽而廞」 |
| 「世奠繫」 | 「世奠擊」 |
| 「擊頌磬」 | 「繫頌磬」 |

〔註2〕參田君《古〈樂〉七考》，華東師範大學碩士學位論文，第94～108頁。

〔註3〕《湛若水全集》第7冊，上海：上海古籍出版社，2020年，第97～102頁。

〔註4〕《湛若水全集》第7冊，上海：上海古籍出版社，2020年，第103頁。

〔註5〕《湛若水全集》第7冊，上海：上海古籍出版社，2020年，第148頁。

| 「以十有二律為之數度」 | 「以十有二律為之律數」 |
|---|---|
| 「王夏肆夏」 | 「王夏」後闕「肆夏」二字 |
| 「凡四方之以舞仕者屬焉」 | 「之」字後闕「以」字 |

### （五）《古樂雜傳》

此部分為湛甘泉輯錄歷代名儒所涉樂之言，見列表 2 如下：

| 條　目 | 作　者 | 出　處 |
|---|---|---|
| 「王之好樂甚」 | 孟子 | 《梁惠王下》 |
| 「集大成者」 | | 《萬章下》 |
| 「今王鼓樂於此」 | | 《梁惠王下》 |
| 「聖人既竭耳力言」 | | 《離婁上》 |
| 「師況之聰」 | | 《離婁上》 |
| 「樂之實」 | | 《離婁上》 |
| 「陰陽理而後和」 | 周敦頤 | 《通書》 |
| 「故聲樂淡而不傷」 | | |
| 「優柔平中德之盛也」 | | |
| 「後世禮法不修」 | | |
| 「樂者本乎政也」 | | |
| 「樂生淡則聽心平」 | | |
| 「嗚呼樂者」 | | |
| 「季札請觀於周樂」 | | 《左傳‧襄公二十九年》 |
| 「程子曰禮樂大矣」 | | 《程氏粹言》 |
| 「先王之樂」 | 張載 | 《經學理窟》 |
| 「古樂不可見」 | | |
| 「聲音之道與天地同和」 | | |
| 「等級至嚴也」 | 胡宏 | 《知言》 |
| 「古者教法」 | 朱熹 | 《朱子語類》 |
| 「古者太子生」 | | |
| 「今之士夫」 | | |
| 「今人都不識樂器」 | | |
| 「音律只是氣」 | | |
| 「《樂律》：自黃鍾至中呂皆屬陽」 | | |
| 「自黃鍾至中呂皆下生」 | | |

| 「敬者禮之本」 | 真德秀 | 《真西山文集》 |
|---|---|---|
| 「禮中有樂」 | | |
| 「達順而樂亦至」 | 張載 | 《正蒙》 |
| 「夫子自衛反魯」 | | |
| 「『放鄭聲，遠佞仁』顏回為邦」 | | |
| 「節禮樂不使流離相勝」 | | |
| 「谷神能象其聲而應之」 | | |
| 「樂器有相」 | | |
| 「象武武王初有天下」 | | |
| 「五言」 | | |
| 「博依」 | | |
| 「聲有清濁」 | 邵雍 | 《皇極經世書》 |
| 「鍾氏過曰」 | | |

### （六）《古樂律傳》

此部分為湛甘泉輯錄史籍、子書、諸儒等涉樂所編，見列表 3 如下：

| 條　目 | 作　者 | 出　處 |
|---|---|---|
| 「蔡氏云」 | 蔡元定 | 《律呂新書》 |
| 「先多截竹」 | | |
| 「八十四聲」 | | |
| 「侯氣之法」 | | |
| 「黃帝使倫」 | 班固 | 《漢書》 |
| 「天之數始於一」 | | |
| 「太極元氣」 | | |
| 「黃鍾三分損一」 | | |
| 「黃鍾為宮」 | | |
| 「《書》曰『予欲聞六律』」 | | |
| 「伏羲作易」 | 劉昭 | 《後漢書》 |
| 「術曰陽以圓為形」 | | |
| 「侯氣之法」 | | |
| 「古者黃鍾為萬世根本」 | | 《國朝會要》（《宋會要》） |
| 「律呂有可求之理」 | 張載 | 《經學理窟》 |

| 「置一而九三之」 | 司馬遷 | 《史記》 |
|---|---|---|
| 「生鍾分子一分」 | | |
| 「調聲之體」 | | 《魏書》 |
| 「變宮變徵」 | | 《春秋左氏傳》 |
| 「宮生徵」 | 劉安 | 《淮南子》 |
| 「一律而五音」 | | |
| 「按應鍾為變宮」 | 杜佑 | 《通典》 |
| 「五聲六律十二管」 | | 《禮記》 |
| 「後齊神武霸府田曹參軍」 | 魏徵 | 《隋書》 |

### （七）《古樂經傳或問》

此部分為湛甘泉以設問之方式以闡釋其所構擬的古《樂》經為經，而以諸經典解釋的《傳》二者設置的合理性及原因。正如湛甘泉所言：「製樂者，律呂之度數也。故度數者，樂之經也；用樂者，樂之傳也。」〔註6〕

## 二、《古樂經傳全書》現存版本非成於嘉靖二十五年

目前筆者所見《古樂經傳全書》共有三部出版社出版的著作，分別為齊魯書社所出版的《四庫全書存目叢書》、廣西師範大學出版社所出版的《古樂經傳全書》、上海古籍出版社出版的《湛若水全集》第七冊，其中前兩種為影印刻本，後一種為點校本。此三本書所用的底本皆為中國國家圖書館所藏的明嘉靖三十四年（1555）祝廷滂刻本，半頁九行十二字，四周黑邊雙魚尾白口。上海古籍出版社所點校的《古樂經傳全書》亦無他校本可參，惟在引用他書時用「他校法」校諸史書。因此此書既無底本混淆問題，亦暫無他本可參，故諸家將其定為嘉靖二十七年（1548）五月朔旦，〔註7〕似無可爭議。然而值得注意的是，該二者所言雖看似言之有據，然細讀文本，亦存有繼續討論的餘地。

三家所定年的根據為湛甘泉在《補樂經敘》中的落款：嘉靖戊申五年朔旦，八十三翁甘泉子湛若水元明書於大科峰小朱明館。〔註8〕因此黎業明、

---

〔註6〕《湛若水全集》第 7 冊，上海：上海古籍出版社，2020 年，第 200 頁。
〔註7〕參黎業明：《湛若水年譜》，上海：上海古籍出版社，2016 年，第 313 頁；李永新在《湛若水全集》的序言中亦從黎業明的結論，參《湛若水全集》第 7 冊，上海：上海古籍出版社，2020 年，第 96 頁。任建敏在《古樂經傳全書》中亦從此說，參《古樂經傳全書》，桂林：廣西師範大學出版社，2016，第 16 頁。
〔註8〕《湛若水全集》第 7 冊，上海：上海古籍出版社，2020 年，第 96 頁。

李永新、任建敏等皆把其當做《古樂經傳全書》的寫定時間，至少為嘉靖二十七年前後。然而問題就出在這篇《補樂經敘》中，湛甘泉在闡釋了做此書的意圖和禮樂的關係後，筆鋒一轉，表明了其作此書的意圖：

> 夫禮之起，在節文矣。節文者，禮之經也。樂之起，在度數矣。度數者，樂之經也。節文者，升降揖讓之謂也；度數者，律呂聲音之謂也。予年耄耋矣，幸天數未盡，撫素志而未酬，乃在西樵，隱居無事，問取諸家律呂之說，而竊損益更張以文之，擬為《古樂經》一篇，而以《樂記》諸見於載籍者列於後，以之為傳焉。〔註9〕

由此可見，湛甘泉在嘉靖二十五年完成的版本裏面，是包含了經傳兩部分，而並無現今所見《古樂正傳》的部分。同時應該注意到的是，在這篇敘文中，通篇隻字未提呂懷及其所著的《古樂正傳》，僅僅是對自身擬經作了一個辯護：「述之也，非作之也；擬之也，非續之也。夫何誚？」〔註10〕然而在該書的序言，由湛甘泉的兩名親密的弟子蔣信及王崇慶都曾提及到呂懷，蔣信云：「巾石只《傳》，推十二律、五音、旋宮、納音之制……」〔註11〕王崇慶云：「吾師甘泉先生年當不惑，嘗歎《樂經》之缺而思欲補之，已五十春秋於茲矣。」〔註12〕因此，在蔣信及其王崇慶所見之本已然是《古樂經傳全書》的現行本。

其次，湛甘泉反覆申說其擬《樂》經是「本乎度數」，傳「以明義理」故而經應涉度數，而傳則明義理，具體表現為經為先秦諸典中言及度數的部分，而傳的部分則定然為《樂記》，此種看法是湛甘泉一貫的樂經學思想，在其1524年刊行的《樵語》中便有：

> 楊仕鳴曰：「子之修二禮矣，請述樂焉。」甘泉子曰：「樂書之亡也久矣，樂記其傳也。淳公有志而弗之就，夫不忘之全經，其在六律矣乎，而本於黃鍾，黃鍾本於中和。」〔註13〕

《知後新語》言：「今樂記是一篇好文字，流傳有格言在內，本言樂與禮對說，便有根本。樂者禮之終也，古別有樂經，已亡，今記特其義耳。」〔註14〕因此

〔註9〕 《湛若水全集》第7冊，上海：上海古籍出版社，2020年，第95～96頁。
〔註10〕 《湛若水全集》第7冊，上海：上海古籍出版社，2020年，第96頁。
〔註11〕 《湛若水全集》第7冊，上海：上海古籍出版社，2020年，第91頁。
〔註12〕 《湛若水全集》第7冊，上海：上海古籍出版社，2020年，第91頁。
〔註13〕 《泉翁大全集》，臺北：中央研究院，中國文哲研究所，2017年，第11頁。
〔註14〕 《泉翁大全集》，臺北：中央研究院，中國文哲研究所，2017年，第59頁。

《古樂經傳全書》實際上的編排與湛甘泉一貫以來的樂學思想之間是具有一定的距離的，然後湛甘泉則在其敘言中延續了其早年的樂學看法，故而不太可能是湛甘泉在短短的幾年中發生了思想上的轉向。唯一的可能性便是湛甘泉於嘉靖二十五年寫定的《古樂經傳》（非《古樂經傳全書》），所包含的內容即為前文所述的《古樂經》《古樂本傳》《古樂別傳》《古樂雜傳》《古樂律傳》《或問》的內容。

由此，可做一則簡短的結論，學界先賢以湛甘泉的敘言所定的《古樂經傳全書》作於嘉靖二十七年的結論不確，因為此書必定存在兩個不同的版本，並且定然經過湛甘泉的手改削刪，嘉靖二十七的時間點只能確定湛甘泉《補樂經敘》與《古樂經傳》成於嘉靖二十七年。

## 三、《古樂經傳全書》與呂懷《律呂古義》

既然《古樂經傳》在湛甘泉八十三歲已然著成，那麼為何湛甘泉要在嘉靖二十七年後將呂懷的《古樂正傳》納入到其書中，甚至將其置於《樂記》之前，列之為傳呢？湛甘泉其實自己已然道出原委：

> 甘泉子曰：予擬補《古樂經傳》已成，同志廣信呂巾石學士亦編《律呂古義》適就稿，寄予與天關書院。予閱之既；莞爾而笑曰：「信哉！其感應之理，不期而同矣，可合作《古樂正傳》，置於《補樂經》之後矣乎？」或曰：「何居？」曰：「以其詳具天、地、人自然之度數，互有發明焉也。故以巾石子所編《古義》為《正傳》，而進於《補經》之後，退《本傳》《別傳》《雜傳》《樂記》《周禮》諸儒之說於其後焉。」「何居？」曰：「以其言義理而不切於度數也。」或曰：「美哉！子之取善矣。」〔註15〕

由此可見，湛甘泉在完成了《古樂經傳》後，在天關書院見到了呂懷所編著的《律呂古義》，基於此書能「發明度數」的作用，且後儒釋《樂》之義理不切度數之義，故而將《律呂古義》其置於《補經》之後，而本為列於傳的《本傳》《別傳》等皆附於《古樂經傳》後，因此便形成了現今所見的《古樂經傳全書》。具體而言，湛甘泉所輯的先秦典籍為《經》，呂懷所著的《律呂古義》為傳，其餘《本傳》《別傳》等為附錄，形成了《古樂經傳全書》的三個部分。

---

〔註15〕《湛若水全集》第 7 冊，上海：上海古籍出版社，2020 年，第 147 頁。

　　據呂懷所言，《古樂正傳》並非是《律呂古義》的複本，呂懷言：「《律呂古義》，有總敘、有圖、有雜說，今採上、中二卷十篇為正傳，以其備《樂》之始終也。」〔註16〕因此，呂懷此言應該是在湛甘泉見到《律呂古義》後，應湛甘泉之請所作，其選取《律呂古義》的上、中二卷修刪而成《古樂正傳》。

　　在《古樂經傳或問》中亦可找到佐證此部分的成書經過，除了《或問》中通篇未有涉及呂懷及其著作的文字外，還有申說經傳關係的文字，如：

　　　　《樂經》散亡也久矣！昔程明道欲為之而未就，今泉翁述《古樂經傳》，必定律呂以為之經，又述先正格言以為之傳者，何也？〔註17〕

　　　　季札、淮南、周、程、張、朱之言，先生採之為傳，可矣；《樂記》之言，五經之一也，而先生亦以之為傳，何與？〔註18〕

　　　　歷代定《樂記》為經，而學官試士矣，而子以《樂記》為《樂傳》，何也？〔註19〕

　　鑒於此，湛甘泉在嘉靖二十七年完成了以《古樂經傳》為名的著作，隨後在見到呂懷的《律呂古義》後，邀請呂懷將其著作附於其擬《樂》經後，將其本設置為傳的《樂記》、諸儒格言退而為次，但並未進行修改，故而在其他篇目中並未出現有關《律呂古義》的文字。而呂懷在將《律呂古義》寫入此書時，亦進行了部分文字上的修改。至此，《古樂經傳全書》才算真正完成，形成目前所見之版本。

## 四、《古樂經傳全書》的成書時間

　　既然該書的成書過程經歷了版本上的改動，自然嘉靖二十五年說就並不確切，然而《古樂經傳全書》的確切時間是否可以推測呢？呂懷的《律呂古義》今存，未抄入四庫全書中。據杜澤遜《四庫存目標注》，可查得此書共有三個版本，《四庫存目叢書》影印上海圖書館，明嘉靖二十九年刻本，三卷，半頁九行十八字，四周黑邊，白口單魚尾。國家圖書館藏本與此本同款不同刻，浙江圖書館藏明刻本為半頁酒行十八字，白口四周單邊，斷為嘉靖三十一年刻本。〔註20〕

〔註16〕《湛若水全集》第 7 冊，上海：上海古籍出版社，2020 年，第 103 頁。
〔註17〕《湛若水全集》第 7 冊，上海：上海古籍出版社，2020 年，第 190 頁。
〔註18〕《湛若水全集》第 7 冊，上海：上海古籍出版社，2020 年，第 192～193 頁。
〔註19〕《湛若水全集》第 7 冊，上海：上海古籍出版社，2020 年，第 193 頁。
〔註20〕參杜澤遜：《四庫存目標注》，上海：上海古籍出版社，2007 年，第 399～400 頁。

從內容編排上看，《全書》中第一、二卷與《古樂正傳》的部分一致，
依次是：律本、律變、侯氣、納音、考聲、均調、律義、律數、器準、天道。
而《律呂古義》前則有圖七張，即為卷上為律本、律變、侯氣、納音、考聲、
均調；卷中為律義、律數、器準、天道；卷下為《雜說內篇》《雜說外篇》
《答問》。〔註21〕根據呂懷弟子王宗聖在序中所言「明年冬天，先生門人俞
生廷狆輩謀鋟諸梓，屬愚為序」〔註22〕所言，落款為「嘉靖庚戌二月之望」
看，《律呂古義》的完成時間應為嘉靖二十八年（1549），呂懷自敘下署「嘉
靖己酉仲冬」〔註23〕亦說明此點，因此至少湛甘泉不可能在嘉靖二十九年的
二月之前讀到呂懷的著作。

在王崇慶所作《古樂經傳全書成序》中如此一段話有助於釐定此書的成書
年份，王崇云：

> 吾師甘泉先生年當不惑，嘗歎《樂經》之缺而思欲補之，已五
> 十年春秋於茲矣。往嘗付諸同卿太史巾石呂君，託以終事。今甲寅
> 秋七月，巾石使來問序，予三復之。蓋斯文之光，吾道之幸。莫是
> 乎最，因喜而序之。〔註24〕

由於序文末書「南京禮部尚書開州門生王崇慶力疾謹序於秩禮堂」〔註25〕
考察《明實錄》可知，王崇慶於嘉靖三十一年（1552）九月由南京戶部尚書
改任南京禮部尚書，〔註26〕似乎可以確定該書成於嘉靖三十三年。然而在上
海古籍出版社出版的《湛若水全集》中，遺漏了原刻本的兩篇序跋，而這兩
篇序跋恰恰有助於進一步釐清該書不同版本的成書時間，今從刻本中輯出，
如下：

> 古樂之不作久矣。昔者孔子謂大武盡美矣，而未盡善。大武以
> 降，又三千年於茲矣。樂不作而經存焉，猶之可也，而宋儒朱子釋
> 孟子，謂「金聲玉振，始終條理」，疑古《樂》經之言。則《樂》經
> 在宋已無復有聞者，而況乎樂哉？考輯《禮記》者，乃有《樂記》
> 之篇，而其文則以禮樂對言之，非正言樂也，而其謬可知矣。嘗聞

---

〔註21〕《四庫存目叢書·經部·183冊》，濟南：齊魯書社，1997年，第3頁。
〔註22〕《四庫存目叢書·經部·183冊》，濟南：齊魯書社，1997年，第3頁。
〔註23〕《四庫存目叢書·經部·183冊》，濟南：齊魯書社，1997年，第6頁。
〔註24〕《湛若水全集》第7冊，上海：上海古籍出版社，2020年，第93頁。
〔註25〕《湛若水全集》第7冊，上海：上海古籍出版社，2020年，第94頁。
〔註26〕黃彰健校勘：《明實錄》，中央研究院歷史語言研究所，1962年版，第489頁。

朱子謂今之士夫問以五音、十二律，無能曉者。要之當立一樂學，
使士夫習之久之，自有精通者出。爵也於是亦欲取《樂記》之篇正
之，顧以薄劣，未能而止。乃今戊申仲冬見甘泉先生於西樵補著《樂
經》與《諸傳》，適成出以於爵，爵嘗竊有志於此者，才一再閱之，
真若披雲霧而睹青天也，於乎至矣！其以諸家律呂之說，損益文之，
以為《樂》經，猶之為方員之規矩也。有規矩而後有方員，猶有律
呂而後正五聲也。其以《樂記》《周禮》若諸見於載籍以為傳者，所
以釋經也。先生懼夫《樂》書之寮至久，而遂亡也，故為之正之，
豈得已哉？是故述而不作，信而好古。先生以之後有作者，執此以
往，可也。爵不敏，喜樂道之復明，敬為之跋。後之樂節禮樂者，
其亦知先生之心乎？其亦知先生之心不得已乎？嘉靖戊申十一月冬
至門人始興陳爵謹跋〔註27〕

從該文看出，湛甘泉的《古樂經傳》在嘉靖二十七年（1548）年時給弟子陳
爵見過，並最終完成，因此可得出進一步的結論，即該書的敘言和全書最後
完成的時間不同，最終完成的時間應該為嘉靖二十七年。而另一封呂懷的跋
則透露出《古樂經傳全書》的準確時間：

《古樂經傳全書》，同門葛子澗偕其弟□己梓之維揚。舊名《古
律經傳》，自「歲二月」以下，一十五節，別為篇章至是。我師甘泉
先生重加訂正，命工繕寫遺懷，書改正之。懷時且歸休，與王俊、
祝廷滂、祝一中；閩林廷模、吳振宗、居石塘書院中，而先生書適
至，予薰沐四拜，展誦畢，方謂維揚道遠，無因改正以覆先生。廷
滂迺特以請於其父少洋居士付梓焉。居士素好古，有高義，廷滂可
謂善養志者，予樂其成，敬識數語以附篇末云。明嘉靖乙卯九月戊
申，門人呂懷頓首拜書。〔註28〕

由此可見，《古樂經傳全書》實際上為嘉靖三十三年寫就而成，而此跋則為嘉
靖三十四年寫就，而湛甘泉邀請呂懷合著《古樂經傳全書》的年份則在嘉靖三
十一年（1552）。〔註29〕至此，《全書》的相關問題已然得到澄清。

---

〔註27〕《古樂經傳全書》，桂林：廣西師範大學出版社，2016，第 269～271 頁。
〔註28〕《古樂經傳全書》，桂林：廣西師範大學出版社，2016，第 273～274 頁。
〔註29〕此處的輯佚工作參王文娟、游騰達點校，鍾彩鈞審訂：《甘泉先生續編大全·
補編》，中央研究院，中國文哲研究所，2018 年版，第 98 頁。

## 結　語

　　通過以上材料可嘗試釐清《古樂經傳全書》的體例和陳書時間，而體例的設置和其成書的時間有一定的關聯性質，具體表現為在湛甘泉作《古樂經傳》時，經本乎度數，傳本乎義理，而《本傳》則為《樂記》。因此該書最終成於嘉靖二十五年而非二十三年。其次湛甘泉在嘉靖三十一年閱讀了呂懷在嘉靖二十八年完成的《律呂古義》後，有感於呂懷於度數上造詣深厚，故邀請其將《律呂古義》寫入《古樂經傳》中，取代了原本定為傳的《古樂本傳》，而呂懷則對《律呂古義》進行了一定的刪改，變為《古樂正傳》，而二書的不同變化最終在嘉靖三十三年付梓出版，成為現今所見的《古樂經傳全書》，可以說二書的分合體現了甘泉對於《樂》經的一貫看法，即本乎度數，明乎義理，正是在這樣的看法下，才導致了《古樂經傳全書》的分合不定，使得學界簡單地將其成書年份定為嘉靖二十三年。

# 《事類賦注》清人續仿原因探賾

王亞文

　　《事類賦注》是宋代吳淑採用賦體形式書寫的類書。此書原名為《一字題賦》，後被進獻於宋太宗，太宗見其博奧，命吳淑做注解，成《事類賦注》三十卷。該書的出現標誌著「宋初賦由承襲平易婉媚的五代餘風走向重視學殖深醇的轉折」〔註1〕。《事類賦注》獨具特色，深受後人推崇。迨至清代，諸如華希閔《廣事類賦》、吳世旆《廣廣事類賦》、王鳳喈《續廣事類賦》、張均《事類賦補遺》、黃葆真《增補事類統編》等續仿著作不斷面世。這些續仿著作為何不斷產生，且又集中出現於清代呢？此現象值得關注。

　　文學作品的出現，很難完全擺脫以往的傳統，多有賴於深層的社會文化因素，續仿著作的出現更是如此。誠如曹明綱於《賦學論稿》中所言：「任何一個時代的文學創作，就其指導思想來說，既不能完全擺脫以往的傳統，又不能不受到現實的影響，它必然是歷史與現實相互鎔鑄的產物，這是一條普遍規律。」〔註2〕《事類賦注》的一系列清人續仿著作正是在前書的影響下，以及現實科舉士子應試迫切所需的條件下誕生的。

　　關於續仿著作產生原因的論述，前人已多發之。清代劉廷璣於《在園雜志》中稱：「近來詞客稗官家，每見前人有書盛行於世，即襲其名，著為後書副之，取其易行，竟成習套。有後以續前者，有後以證前者，甚有後與前絕不相類者，亦有狗尾續貂者。」〔註3〕在劉氏看來，「取其易行，竟成習套」

---

〔註1〕劉培：《兩宋辭賦史》，齊魯書社，2019年版，第45頁。

〔註2〕曹明綱：《賦學論稿》，上海古籍出版社，2012年版，第142頁。

〔註3〕（清）劉廷璣撰，張守謙點校：《在園雜志》卷三，《清代史料筆記叢刊》，中華書局，2005年版，第124～125頁。

是續仿者進行續仿創作原因的一個方面。至近現代，續書研究在小說領域開始熱鬧起來。譬如，李忠昌於《古代小說續書漫話》一書中，從心理、政治、時代、審美、理論、道德、名利等七個方面分析續書產生動機〔註4〕；高玉海在《明清小說續書研究》中，從原著本身的影響、續書作者的創作動機、續書讀者的接受心理、說唱藝術與小說續書幾個方面分析續書現象的文化成因，進而探討小說續書產生的根源所自〔註5〕。

關於續書原因的探究多集中於小說領域，而涉及類書領域尚不多見。此《事類賦注》清人續仿著作產生原因的探究身為個案研究，可以作為整個類書領域續仿著作產生原因研究的初步嘗試。以下將結合時代背景和相關序跋資料等從作者的創作動機、作品及影響力、社會因素幾個角度對《事類賦注》清人續仿著作進行探究。

## 一、創作動機：功利性追求、不滿於原著和家族使命

所謂創作動機，即作者在一定客觀環境中並在這種環境下產生的創作衝動。它所反映的是作者在什麼情況下，為什麼要創作，作者的創作動機又是因人而異的。因為個人對環境、事件等的感受不一，於是不同的作者創作的動機或相近、或略不相同，或截然不同。統觀《事類賦注》清人續仿著作所附作者自序，該系列續仿著作的續仿動機昭然若揭。其續仿動機大致有以下幾種：作者功利性目的的驅使、作者對原著有著不滿情愫、作者家族承傳因素等。

首先，從作者創作的功利性角度來分析。《事類賦注》的諸多續仿者中，有一些續仿者抱以功利的心態去創作，他們或迎合帝王，或為討恩賞，或為造福於學子。

統治者的好尚起著不可忽視的作用。正所謂，上有所好，下必甚之。有清以來，康熙帝極為青睞、仰慕漢文化，並對漢文化大為推崇，並且康熙又是一個博學多識之人，而乾隆帝附庸風雅，自身便創作眾多文學作品。此外，二人經常微服巡遊，並向各地獻詩、賦者給予賞賜，甚至封官。其中賦與政治發生聯繫可以追溯至漢武帝時期，司馬相如曾因賦作被帝王賞識。自此之後，獻賦求官，幾成風尚。譬如，晉代郭璞獻《南郊賦》以求官，「帝見而嘉之，以為

---

〔註4〕參見李忠昌：《古代小說續書漫話》，遼寧教育出版社，1992年版。
〔註5〕參見高玉海：《明清小說續書研究》，中國社會科學出版社，2004年版。

著作佐郎」〔註6〕，宋代吳淑向宋太宗進獻獨撰之作《事類賦注》。至清康熙帝，帝王多外出巡遊，期間有召試獻試賦者的舉措，並給予有才學者賞賜甚至授官，此舉更加助長獻賦之風，諸如此種情況對文人的創作起著極大的鼓舞作用。因此乾隆十六年（1751年），乾隆首次南巡時，華希閔便有了獻《廣事類賦》之舉，其功利性目的顯而易見。這種獻賦傳統與科舉試賦制度相結合，為封建政治統治搜羅人才發揮很大作用。

從清康熙至鴉片戰爭之間，「這一時期歌功頌德的辭賦較多。其中尤以歌頌清帝多次平定邊邑的武功和康、乾兩帝多次南巡之作最引人注目，成為此時賦中的一個特色」〔註7〕。確然，從《事類賦注》清人續仿著作中，我們不難發現其中多番流露歌功頌德之意，其中王鳳喈的《續廣事類賦》尤甚，一部書中三分之二以上的篇幅來寫地輿部，對地理情況進行描述，對清代地域之遼闊進行讚頌。

另有華希閔創作於乾隆二十九年（1764年）的《重訂廣事類賦序》稱：「今天子更定鄉，會兩試，制藝外兼試以詩。士自束髮受書，帖括之餘，因並事聲律。而凡比事連類，裒集菁英，可以資博洽備風雅者，家爭購而置焉……《廣事類賦》）行世已久，字跡漫漶。各書賈翻刻不一，但以射利為心，不以校讎為事。亥豕魯魚，一頁之中，多至數十餘字，使援以引用者，承偽踵謬，貽笑藝林，非以為益，適以滋害也」〔註8〕。此序表明華希閔之所以重訂《廣事類賦》，是因為當時乾隆帝「更定鄉，會兩試，制藝外兼試以詩」〔註9〕的政策致使家家「爭購而置」《廣事類賦》，使之風靡一時，而書賈為射利，而大肆翻刻，卻不重校讎，致使書中訛誤眾多，亟待重訂，故而華希閔重訂《廣事類賦》以期造福於莘莘學子。

總的來說，不管以上創作動機是利己或是利人，都對續仿著作的面世產生了積極的促進作用。

其次，一些文人看到《事類賦注》的缺憾，於是進行踵事增華的續補創作。譬如，王鳳喈於嘉慶三年（1798年）四月所作《續廣事類賦自序》中稱：

---

〔註6〕　（唐）房玄齡等撰：《晉書》，中華書局，1974年版，1901頁。
〔註7〕　馬積高：《歷代辭賦研究史料概述》，中華書局，2001年版，第152頁。
〔註8〕　（清）黃葆真增輯：《增補事類統編》，光緒十四年（1888）上海積山書局石印本。
〔註9〕　（清）黃葆真增輯：《增補事類統編》，光緒十四年（1888）上海積山書局石印本。

惟二賦中地部均未詳州郡，則以一方之山川古蹟以及名宦人物
學者，皆莫得而依據。即各部內條目亦不無缺略之憾。爰不揣固陋，
用為續貂之舉，撰成《續廣事類賦》三十卷。地部獨多，凡十九省之
山川古蹟，則擇其命名最雅馴者登之。名宦人物，各隨州郡而見，不
能另分一部，則擇其勳名忠孝節義文章為千古所不朽者登之。〔註10〕

王氏認為《事類賦注》和《廣事類賦》「地部均未詳州郡」，且「一方之山川古
蹟以及名宦人物學者，皆莫得而依據」，而各部之內的條目存在缺憾。王氏的
續補著作《續廣事類賦》在此背景下面世，該書是為增補《事類賦注》和《廣
事類賦》地部之憾而作，此書的出現使地輿部內容更為豐贍。

又有張均於嘉慶辛未（1811年）冬日射陽學署所作的《事類補遺序》，此
序中稱《事類賦注》和《廣事類賦》二書「不揣固陋，補其缺略。雖明知才智
萬一不逮前人，而旁搜博採，聊以廣學徒之見聞」〔註11〕。此已言明，張均編
撰《事類賦補遺》乃是補前書之缺略，以期更好地幫助學徒拓寬視野，增長見
識。

以上續仿者對原作的這種不滿情愫，在一定程度上促使新著作不斷現世，
並不斷為其注入新鮮血液。他們在創作過程中不斷追求超越原書，期望創作出
更為優秀的著作。

最後，《事類賦注》續仿著作的產生還有作者家族承傳方面的因素。華希
閔於自序中曾言：「我都事起布衣，以風義聞海內，非止以博洽為名高者也。
予既承嚴命增輯，又推明前人志趣以自廣焉」〔註12〕。此自序言明，華氏對
《事類賦注》進行增補是受到其父華汝修的命令。關於華希閔增輯的緣由，
不僅見於他本人的《重訂廣事類賦序》，亦尚見於華希閔之弟華希閎的《重訂
廣事類賦序》，後者言：「余六世祖都事公，向有宋吳博士《事類賦》之刻。
先君子命兄希閔增廣，凡四十卷，合而刻之，距今四十餘載。行世已久，字
跡漫漶。各書賈翻刻不一，但以射利為心，不以校讎為事」〔註13〕，此序亦

〔註10〕（清）王鳳喈：《續廣事類賦》，《歷代賦學文獻輯刊》（第167冊），國家圖書
　　　　館出版社，2017年版，第11頁。
〔註11〕（清）黃葆真增輯：《增補事類統編》，光緒十四年（1888）上海積山書局石印
　　　　本。
〔註12〕（清）黃葆真增輯：《增補事類統編》，光緒十四年（1888）上海積山書局石印
　　　　本。
〔註13〕（清）華希閔：《廣事類賦》，《續修四庫全書本》（第1248冊），上海古籍出版
　　　　社，2002年版，第179頁。

言華希閔受父命增廣《事類賦注》。然而，華希閔所修之書距離華希閎所處時代已四十年有餘。在此期間，經過只顧射利而不用心於校讎的書商翻刻，華希閎所增補的《廣事類賦》變得舛誤百出，以致影響時人使用，故而華希閔又對該書進行相關修訂工作。華氏家族對《事類賦注》進行的一系列增補及修訂工作，為《事類賦注》的傳播和發展起到較大的推動和促進作用。

　　總之，除卻以上創作動機的影響之外，還有其他因素的影響。譬如，讀者的接受心理、讀者的期待視野等。《事類賦注》之所以出現眾多續仿著作，讀者接受心理和期待視野亦起推動作用。一方面，華希閔、吳世旃、王鳳喈、張均和黃葆真等人作為《事類賦注》的續仿者，同時又是《事類賦注》的讀者和接受者。他們是該書的忠實接受者，深深折服於吳淑所創的《事類賦注》，並對該書體制、內容等產生濃烈興趣，進而其續仿意識被催發出來。此外，他們在接受《事類賦注》的同時，又深感該書由於時代久遠，而存在缺陷，眾多新生事物亟待補充。另一方面，清代科舉事業繁榮昌盛，帝王「重鴻博之選士，樂以詞賦自見」〔註14〕，恰《事類賦注》「以事類隸賦，用便記誦，於初學尤宜」〔註15〕，於是眾多學子成為《事類賦注》的讀者，然由於該著作產生於宋代，時代久遠，不能夠滿足舉業所需，讀者的需求形成巨大的市場，正如華希閔《重訂廣事類賦序》所言：「今天子更定鄉，會兩試，制藝外兼試以詩。士自束髮受書，帖括之餘，因並事聲律。而凡比事連類，裒集菁英，可以資博洽備風雅者，家爭購而置焉。」〔註16〕家家戶戶爭相購置，可謂供不應求。另外，讀者對新著作的期待，也促使新的續仿著作不斷產生。

## 二、作品因素：易擴充的結構及原著影響力

　　從著作本身來看，《事類賦注》誕生於宋代。自宋迄清，歷經元、明兩代。隨著時代的發展，眾多新事物不斷產生，《事類賦注》已然不能滿足當時所需。時間的延續和新事物的不斷產生為《事類賦注》續仿文獻的出現提供條件。清人吳世旃於嘉慶元年（1796年）正月所作《廣廣事類賦自序》中言：

〔註14〕　（清）黃葆真增輯：《增補事類統編》，光緒十四年（1888）上海積山書局石印本。

〔註15〕　（清）黃葆真增輯：《增補事類統編》，光緒十四年（1888）上海積山書局石印本。

〔註16〕　（清）黃葆真增輯：《增補事類統編》，光緒十四年（1888）上海積山書局石印本。

自有宋宗正儀公倡為一字題賦百篇，以事隸文，用便記誦，又
奉詔箋注之，至詳且悉，嘉惠來學，甚盛心也。至錫山華芋園先生，
續有《廣事類賦》之刻行於世。蓋先生當我朝明備之秋，殫見洽聞，
益期其備，故增廣之作，多至二百九十餘題。其有功於宋賦為不少
矣。但正儀公生太宗朝，其時去古未遠，所採止隋唐以前之書。……
竊觀自宋迄今，類林之書，又汗牛充棟矣。是以不揣固陋，更滋裒
集，於宋賦百篇中，擇其題同事異，可以另成篇什者，隸而輯之。
其故實寥寥不足成片段者姑闕焉，計得賦五十九首。此外仍有二公
未及之題，宜供詞賦採取者，益廣之。又得賦七十八首。共計百三
十七首。亦效向例，逐句箋注之。大概是篇所引，出於唐宋以下者
居多，間亦參以前集，妄意續貂。」〔註17〕

吳氏於《自序》中提出，自宋迄清，時代久遠，在此期間類林之書，汗牛充棟。
時間的延續和大量典籍的出現，為續仿工作創造了契機。然吳淑編撰《事類賦
注》所採皆止及隋唐以前的文獻，而隋唐以後的文獻卻無法涉及。正是以上情
況為《事類賦注》創造了續補契機。

正所謂「任何一種文學體類能得到不同時代多人的書寫，就一定含有深刻
的心理動因和社會文化動因，也一定與該體類的文本機制密切相關」〔註18〕，
而《事類賦注》的文本機制也得到後世人的推崇，並被不斷的書寫、續寫。
《事類賦注》的結構具有可擴充性，此結構特點為後人的續寫創造了條件。
吳世旃、王鳳喈、楊元藻所作之序均指出《事類賦注》的結構特點。吳世旃
於《廣廣事類賦自序》稱：

芋園先生所增廣者，止及原本不載之題。竊觀自宋迄今，類林
之書，又汗牛充棟矣。是以不揣固陋，更滋裒集，於宋賦百篇中，
擇其題同事異，可以另成篇什者，隸而輯之。其故實寥寥不足成片
段者姑闕焉，計得賦五十九首。此外仍有二公未及之題，宜供詞賦
採取者，益廣之，又得賦七十八首。〔註19〕

吳世旃發現華希閔的增廣工作，僅增加原著所不載之題，而與《事類賦注》

---

〔註17〕（清）黃葆真增輯：《增補事類統編》，光緒十四年（1888）上海積山書局石印
本。
〔註18〕馮小祿：《漢賦書寫策略與心態建構》，人民出版社，2010年版，第3～4頁。
〔註19〕（清）黃葆真增輯：《增補事類統編》，光緒十四年（1888）上海積山書局石印
本。

題同事異者並未涉及。也即是說，無論是《事類賦注》所不載之題，抑或是題同事異者都有很大的增補空間。吳氏在二者基礎上見尚有可擴充之處，故增題同事異者五十九首；增二公未及之題七十八首；此外，還新增了武備部、靈異部、訂訛部三個部類，具體增廣部類即子目情況見下表：

吳世旆《廣廣事類賦》結構變化情況表〔註20〕

| 《事類賦注》 | 《廣事類賦》 | 《廣廣事類賦》 | 原書不載之題 | 題同事異 |
|---|---|---|---|---|
| 天部 | 天文部 | 天文部 | 新增子目：氣，共1個 | 天、日、月、風、雲、雨、露、雷、雪，共9個 |
| 歲時部 | 歲時部 | 時令部 | 新增子目：閏、豐年共2個 | |
| 地部 | | 地理部 | 新增子目：土、河源、湖、池、潮、塵、村、市，共8個 | 地、山、水、石、海、江、井、冰、潮、火，共10個 |
| 寶貨部 | | 珍寶部 | 新增子目：金、玉、珠，共3個 | 銀、銅、鐵、錢、珊瑚、水晶、雜寶，共7個 |
| 樂部 | 音樂部 | 音樂部 | | 琴、笛、鼓、歌、舞，共5個 |
| 服用部 | 服飾部 | 服飾部 | 新增子目：巾、帶、佩、布，共4個 | 冠、衣、錦，共3個 |
| 什物部 | 器用部 | 器用部 | 新增子目：栖、旗、戲具，共3個 | 舟、車、鼎、杖、扇，共5個 |
| 飲食部 | 飲食部 | 飲食部 稼穡部 | 新增子目：羹、丹藥、蔬菜 新增子目：禾、稻、麥、菽、麻，共8個 | 茶、酒，共2個 |
| 禽部 | 飛禽部 | 飛走部 | 新增子目：異鳥、異獸共2個 | 鶴、燕、雞、虎、馬、牛、羊、鹿、兔，共9個 |
| 獸部 | 走獸部 | 同上 | 同上 | 同上 |
| 草木部 | 花木部 | 植物部 | 新增子目：芝、苔、異木、異草、雜花、諸果，共6個 | 松、柏、竹，共3個 |
| 果部 | 百果部 | | | |
| 鱗介部 | | | | |
| 蟲部 | 蟲豸部 | 蟲豸部 | 新增子目：蠶、蚯蚓、守宮、蛾、蟲、蜈蚣、螻蛄、蟋蟀、諸蟲總，共9個 | |

〔註20〕參見（清）吳世旆撰：《廣廣事類賦》，清嘉慶元年聚秀堂刊本。

| | 帝王部 | | | |
|---|---|---|---|---|
| | 職官部 | | | |
| | 仕進部 | | | |
| | 禮樂部 | | | |
| | 政治部 | | | |
| | 文學部 | 文學部 | 新增子目：字帖、印章、文具總、碑、賦、博物，共6個 | 筆、墨、紙、硯，共4個 |
| | 學術部 | | | |
| | 技術部 | | | |
| | 戚族部 | | | |
| | 交際部 | | | |
| | 閨閣部 | 閨閣部 | 新增子目：閨裝、釵、針、織，共4個 | |
| | 人品部 | | | |
| | 人事部 | 人事部 | 新增子目：農（農具）、漁（漁具）、技術、富貧、貴賤、夢上、夢下，共7個 | |
| | 釋道部 | | | |
| | 宮室部 | 屋宇部 | 新增子目：宮室諸制、門、塔，共3個 | |
| | 水族部 | 水族部 | | 龍、魚、龜、蛇，共4個 |
| | | 武備部 | 【新增部類】子目：刀、甲、弩、武備總，共4個 | 劍、弓，共2個 |
| | | 靈異部 | 【新增部類】子目：鬼神上、鬼神下、怪異上、怪異下，共4個 | |
| | | 訂訛部 | 【新增部類】子目：訂訛，共1個 | |

又，王鳳喈於《續廣事類賦自序》中曾言：

　　宋秘書閣校理吳淑有《事類賦》一百篇，本朝康熙年間句吳華君豫源踵而增之，有《廣事類賦》四十卷，悉以事隸賦，用便記誦。二賦合刻，行世已久，其為功於初學儉腹不淺。惟二賦中地部均未詳州郡，則以一方之山川古蹟以及名宦人物學者，皆莫得而依據。即各部內條目亦不無缺略之憾。爰不揣固陋，用為續貂之舉，撰成

《續廣事類賦》三十卷。〔註21〕

王氏認為,《事類賦注》和《廣事類賦》二書「地部」未詳,為使山川古蹟、名宦人物有所依據,故有增補的必要。於是依據乾隆九年(1744 年)所修的《大清一統志》,撰成地部獨多的《續廣事類賦》,並將山川古蹟、名宦人物盡攬其中。

另有楊元藻於嘉慶三年(1798 年)歲在戊午仲夏所作的《續廣事類賦序》,該序云:「昔宋吳淑有《事類賦》百篇矣,本朝華豫源又增廣為四十卷矣。然類皆未備,遺者尚多,故有賴乎補之也」〔註22〕,楊氏於序中準確指出吳淑《事類賦注》和華希閔《廣事類賦》「類皆未備」的缺憾。

以上三人從不同角度闡明《事類賦注》結構、內容上所存在的缺憾,並說明了《事類賦注》亟待補充的需要。此外,《事類賦注》各個部類之間相互獨立,這種結構為續仿者的續仿工作提供了極大的可能性和可操作性。此結構方便續仿者根據所掌握的續仿材料進行增添或刪減,具有很大的隨意性,大大縮減續仿的難度,並且絲毫不會影響續仿著作的完整和結構。

從《事類賦注》的影響力角度來看,此書一經形成,影響力頗大。《事類賦注》不管是在科舉領域,抑或是賦學史上,皆佔據一席之地,其影響力皆不可小覷。

在科舉領域,廣大學子所使用類書枯燥乏味,且不便記誦,故吳淑以賦體撰寫類書,以期更好地造福於學子。此《事類賦注》既有易於記誦的優點,又有太宗的賞識,故而一經撰成,其影響頗大。此外,清代「初級考試如縣試、府試、院試大都考律賦,而翰林院月課、散館考試、皇帝觀風考試等亦考律賦,因而律賦創作成為每個文人的基本訓練。」〔註23〕關於清代科舉試賦問題,馬積高亦曾指出:

> 清朝的科舉考試雖以考經義(八股文)為主,鄉會試均不試賦,但翰林院庶吉士的經常考試和散館考試(一般三年一次),自雍正以後即以賦為考試項目之一,乾隆以後定制試一賦(律賦)一詩(排律詩)。又清時,對職掌文翰的一些官員有所謂大考的制度,

---

〔註21〕 (清)王鳳喈:《續廣事類賦》,《歷代賦學文獻輯刊》(第 167 冊),國家圖書館出版社,2017 年版,第 11~13 頁。

〔註22〕 (清)王鳳喈:《續廣事類賦》,《歷代賦學文獻輯刊》(第 167 冊),國家圖書館出版社,2017 年版,第 3~5 頁。

〔註23〕 蹤凡:《中國賦學文獻考》,齊魯書社,2020 年版,第 1~2 頁。

翰林院講讀學士至編修、檢討及詹事官少詹事至中允、贊善等均需
參加（此指乾隆以後而言，順、康時吏、禮二部侍郎、內閣學士、
詹事府詹事亦需參加）。大考通常也要試律賦。此外，各省學官按
臨府縣考試童生和生員，其正場（試八股文）之前的「經古場」也
有試律賦的。〔註24〕

可見，清代初級考試、翰林院月課、散館考試、皇帝觀風考試等皆考律賦，這
在一定程度上促使《事類賦注》這部賦體類書成為科舉考試案頭的參考書目之
一。而「成功的傑作，必然會在社會上發生廣泛的影響，隨之在文學創作中發
生模仿傚應」〔註25〕，於是《事類賦注》在後世刊刻不歇、續補不斷，這也足
可見其影響力之大。

在賦學史領域，《事類賦注》開創了「以賦聯類」的創作先例，形成一種
獨特的類書體制。儘管在《事類賦注》誕生之前，「賦寫類書」現象於漢代初
露端倪，但是尚未形成體系，充其量是一種「類取意識」的思維方式。這種意
識和思維方式在後世逐漸體系化，於宋代以「賦寫類書」的形式出現，並且
一經面世，備受推崇，它的影響力甚至蔓延至幾百年後的清代。清代出現諸
多以「廣」「續」「補遺」「增補」等命名的《事類賦注》續仿著作，諸如《廣
事類賦》《續廣事類賦》《事類賦補遺》等。此現象直接體現了清人對《事類賦
注》這部賦體類書的關注度。同時，這一系列續仿著作又呈現出《事類賦注》
在清代文人眼中的典範效力和清人對《事類賦注》的接受情況。這一系列續
仿著作較為直接地反映了《事類賦注》對清人的影響力之大。

總之，《事類賦注》續仿創作時間上的延續性、著作結構的可擴充性以及
自身所具有的影響力都使得《事類賦注》的續仿更具有可操作性。同時，這也
促使《事類賦注》續仿嘗試工作獲得成功。

## 三、社會因素：續仿文化、科舉制度、重學風氣及經世致用思想

任何文學著作本身都有著獨特的時代特徵。探究《事類賦注》及相關續
補文獻產生的原因同樣不能脫離相關時代背景。縱觀歷代文學典籍，幾乎所
有文學典籍都不約而同的流露出時代特色。李時人曾於《關於中國小說史上
仿作和續書問題的思考》一文中提出：「如果說，每一部傑出的小說，都扎

---

〔註24〕馬積高：《歷代辭賦研究史料概述》，中華書局，2001年版，第149頁。
〔註25〕李修生、趙義山主編；石玉良等著：《中國分體文學史‧小說卷》，上海古籍出
版社，2014年版，第214頁。

根於產生他的那個時代深厚的文化土壤中，那麼它的產生必然要受到時代普遍思想意識、社會心理的制約」〔註26〕。《事類賦注》及續仿著作雖然是賦體類書，亦是如此。從歷史語境來看，政治制度與文學相互依存、無法割裂，政治制度引領文學發展的方向。因而《事類賦注》及續補著作的相關序跋亦能反映其續補之作產生的社會因素，諸如續仿文化的影響、科舉制度的促進、重學風氣和經世致用思想的推動等因素。

　　第一，清代續仿文化興盛。類書之續仿現象於宋代已有楊伯岩增補白居易《六帖》之作——《六帖補》。至明，續仿之作逐漸增多。譬如，董斯張增廣晉代張華《博物志》的著作《廣博物志》；姚光祚增廣唐朝李翰《蒙求》的著作《廣蒙求》；袁均哲增補張九韶《群書備數》並加以注釋的《群書纂類》，包瑜增補宋代陰幼遇《韻府群玉》的著作《韻府續編》以及陳與郊增續明代浦南金《修辭指南》的著作《廣修辭指南》等。迄清，續仿呈現出一片繁榮的景象。諸如《編珠》的續仿之作《續編珠》，《希姓紀錄》的續仿《希姓補》，《韻藻》的續仿之作《廣韻藻》，《聖賢群輔錄》的續仿之作《廣群輔錄》，《考古原始》的續仿之作《考古原始》，《小名錄》的續仿之作《宮閨小名錄》與《後錄》等。可見，宋明兩代的續仿文化對清代影響極深，並造就了繁榮的清代續仿文化。

　　黃葆真於道光丙午（1846年）孟春所作的《增補事類賦統編自序》談及清代續仿文化。此序云：

　　　　事有前人為之，後人踵之，而少有益於後人之學，卒無悖於前
　　　　人之心，雖其妄焉，不暇計也。《事類賦》一書，創之宋吳氏。其後
　　　　補遺廣續，各自成家。洋洋數千百年格言遺跡，與制度名物之考據，
　　　　天文地理之源流，畢括於斯矣。顧其為書，事無不類，類不離事。……
　　　　不揣妄昧，更就欽定《類函》及《字錦》諸書中與夫前人詩賦，摘
　　　　其對句典雅清新，可供掇拾者，附各類後。〔註27〕

　　清代續仿文化盛行，現代學者對續仿的研究多集中在小說續仿領域。小說續仿雖多，卻極多狗尾續貂之作。而《事類賦注》的類書續仿著作卻不然，與當時社會而言，具有極大實用性，實為踵事增華之作。華希閔、吳世旃、王鳳喈、張均、黃葆真處於續仿文化盛行的時代，受其影響在所難免，又於

〔註26〕李時人：《關於中國小說史上仿作和續書問題的思考》，《光明日報》1986年7月1日。

〔註27〕（清）黃葆真增輯：《增補事類統編》，光緒十四年（1888）上海積山書局石印本。

自序中透露《事類賦注》於清代補遺、廣、續之作頗多，黃氏亦就勢增輯彙編成《增補事類統編》。

第二，科舉制度對《事類賦注》的續仿亦起到極大的促進作用。「清代科舉考試的文體以八股文為主，又有詩賦、論策等。要在激烈競爭中取勝，大量閱讀自是題中之義，不過人性往往趨利避害、避重就輕，速成的捷徑總是受到歡迎，大批範文和類書也就應運而生」〔註28〕，在此背景下，作為類書的《事類賦注》發展勢頭頗盛。張滌華於《類書流別》一書中曾言：「類書之升降，恒依政治、學術及社會制度諸方面為之進退，而其間尤以政治之關係為切」〔註29〕，此亦說明類書與政治、學術、社會制度之間的關係。許結於《賦體文學的文化闡釋》一書中亦言：「中國古代文學發端即有兩重性：政教和知識」〔註30〕，此處也闡明政教對文學發端的重要性。《事類賦注》及清人續仿文獻作為類書，它們的產生與政治有著極為密切的關係，而科舉制度對類書的影響則尤甚。

有清一代，「初級考試如縣試、府試、院試大都考律賦，而翰林院月課、散館考試、皇帝觀風考試等亦考律賦，因而律賦創作成為每個文人的基本訓練」〔註31〕。譬如，清代童生之縣試便試詩賦。對此，商衍鎏於《清代科舉考試述錄》「童生之縣試」中指出：「第四五場連覆，則時文、詩賦、經論、駢文，不拘定格，時文或作一二起講或作兩比或作半篇，詩賦或作若干韻，經論、駢文或作一二段，限一二小時交卷，非寫作敏捷者不能爭勝」〔註32〕。許結曾言：「科舉考賦，始於唐宋，衰於元明，復盛於清代」〔註33〕。從漢代禮樂制度影響下的「獻賦」，到唐宋科舉制度影響下的「試賦」，至清又有了煥然一新的變化，賦體於清代開始復興，此現象顯然受到翰林院制度的影響。這種「制度對賦體藝術演變的影響，這也表明了文學與社會需求的關係」〔註34〕。

〔註28〕 魯小俊：《清代書院的職業學者及其貢獻》，《人民論壇》2019 年第 22 期，第 142～144 頁。

〔註29〕 張滌華：《類書流別》，商務印書館 1985 年版，第 34 頁。

〔註30〕 許結：《賦體文學的文化闡釋》，中華書局，2005 年版，第 191 頁。

〔註31〕 踪凡：《中國賦學文獻考》（緒言），齊魯書社，2020 年版，第 1～2 頁。

〔註32〕 商衍鎏：《清代科舉考試述錄》，生活·讀書·新知三聯書店 1958 年版，第 5 頁。

〔註33〕 許結：《論賦的學術化傾向──從章學誠賦論談起》，《四川師範大學學報》（社會科學版）2005 年第 1 期，第 82～90 頁。

〔註34〕 許結：《賦學：制度與批評》，中華書局，2013 年版，第 99～100 頁。

除卻常規的科舉考試之外，清朝政府還開設博學鴻詞科。其中有兩次較為成功，分別是康熙十八年（1679 年）和乾隆元年（1736 年）。博學鴻詞科所考內容是詩賦，而賦主考律賦，此律賦通篇限韻，又要求俳偶成文。客觀來說，它們極大地促進了詩賦的發展，辭賦創作再次進入了中央政府選拔人才的軌道。

於是，類書供讀書人查找典故、採擷詞藻、增長知識的作用日益凸顯。宋代吳淑的賦體類書《事類賦注》作為科舉發展的產物，正「為當時科舉銓選試賦之用」〔註 35〕。該書朗朗上口、便於記誦、聯類為賦等優點使得它於科舉制度盛行的清代再次深受讀書人關注，正是這樣的時代背景促使《事類賦注》成為科舉考試案頭必備的參考書目之一，且歷代刊刻不歇、續補不斷。

華希閎於乾隆二十九年（1764 年）中秋所作的《重訂廣事類賦序》稱：「今天子更定鄉、會兩試，制藝外兼試以詩。士自束髮受書，帖括之餘，因並事聲律。而凡比事連類，裒集菁英，可以資博洽備風雅者，家爭購而置焉」〔註 36〕，直接揭示了科舉制度對《事類賦注》續仿著作產生的促進作用。正如祝尚書於《宋代科舉與文學考論》一書中的描述：「人們常把科舉考試比作指揮棒，因為它無形中操縱著士子的趨向。不僅如此，在宋代，它還無形中刺激著圖書消費市場，使得大量科舉用書因而編纂印行。兩宋官私多雕印各種圖書、時文和評點本總集，有如今天『考試書店』所售各類參考資料、題解集及優秀作文選之類，供習舉業者誦習、揣摩甚至剽竊。這既是官方政策導向的必然產物，也是士子們場屋備考不可或缺的決勝『武器』。」〔註 37〕

第三，清代的重學風氣，對《事類賦注》的續仿亦產生推動作用。梁啟超於《清代學術概論》一書中曾指出：

> 茲學盛時，凡名家者，比較的多耿介恬退之士。時方以科舉籠罩天下，學者自宜十九從茲途出……京官簿書期會至簡，惟日夕閉戶親書卷，得間與同氣相過從，則互出所學相質。琉璃廠書賈，漸染風氣，大可人意，每過一肆，可以永日，不啻為京朝士夫作一公共圖書館，——凌廷堪備於書坊以成學，——學者滋便焉。……其學成名著而厭仕宦者，亦到處有逢迎，或書院山長，或各省府州縣

〔註 35〕周生傑：《太平御覽研究》，巴蜀書社，2008 年版，第 412 頁。
〔註 36〕（清）黃葆真增輯：《增補事類統編》，光緒十四年（1888）上海積山書局石印本。
〔註 37〕祝尚書：《宋代科舉與文學考論》，大象出版社，2006 年版，第 261 頁。

修志，或大族姓修譜，或有力者刻書請鑒定，皆其職業也。凡此皆有相當之報酬，又有益於學業，故學者常樂就之。……清學之在全盛期也亦然。〔註38〕

如梁啟超所述，清代的科舉制度、社會背景以及統治者頒布的文化政策都對重學風氣產生極大影響。這種重學風氣一經形成，波及面甚廣，社會上形成追逐學問的潮流。對此，《山堂先生群書考索序》曾載：「人不通今古，如面牆而立，雖欲開心明目，其道無由也」〔註39〕，《古今事文類聚序》亦載：「考古訂今亦必資記問之博，使有一書之未讀，一物之不知，則將見群疑塞胸，無說可祛，萬事博手，無術可應，此其患在學力之未充，而亦記問空疏之過也」〔註40〕。然而，如何才能做到「記問之博」和「通古今」是追求學問之人所迫切關注的問題。人們漸漸關注到類書，「記問之博」依靠既博且廣的類書便可輕而易舉的達到，而「通古今」最便捷的方式亦是依靠類書。在古代浩如煙海的典籍中，類書可稱得上是通往博學一條捷徑，被眾多人所選擇。

又，李世捷於《增補事類賦統編序》云：

嘗謂古人讀書難，今人讀書易。非今人才過古人也。古無類書，雖有聰明才俊之士，非多見多聞多學，而識不足以稱博雅。今則類書汗牛充棟，凡中人之資類能涉獵而藥其譾陋。……引而伸之，觸類而長之。漱六藝之芳，各有千古；合諸家之作，勒為一書；而上而日月星辰，下而山嶽河海，大而兵農禮樂，小而草木蟲魚，胥於是乎備焉，可不謂天下之大觀乎？且其抽秘騁妍，體物瀏亮。忽而骨重神塞，忽而風馳雨驟，忽而明珠仙露，忽而翡翠蘭苕。有語皆工，無體不備。好學之士，誠熟讀而深思之，將見薰斑馬之香，摘屈宋之豔，雖進而登著作之堂，不難與古人相頡頏焉。區區多見多聞多學而識云爾哉。〔註41〕

以上《增補事類統編序》揭示了類書內容囊括「日月星辰」、「山嶽河海」、「兵農禮樂」、「草木蟲魚」等等，使好學之士能夠「見薰斑馬之香」，「摘屈

---

〔註38〕 梁啟超撰，朱維錚導讀：《清代學術概論》，上海古籍出版社，1998 年版，第65～66 頁。

〔註39〕 （宋）章如愚：《群書考索》，廣陵書社，2008 年版，第 1～2 頁。

〔註40〕 （宋）祝穆輯，（元）富大用輯：《新編古今事文類聚（上冊）》，書目文獻出版社，1991 年版，第 1 頁。

〔註41〕 （清）黃葆真增輯：《增補事類統編》，光緒十四年（1888）上海積山書局石印本。

宋之豔」，為他們提供極大便利。

清人在這種重學風氣的薰陶下，更加重視學問的積累，類書愈發受到文人的重視，故而類書的編纂又愈加熱鬧起來。而這些類書的編纂者大多是學問博洽之人，他們搜羅裒輯，編纂出質量可觀的類書。這些類書開闊讀書人的視野，並幫助讀書人積累大量知識。《事類賦注》的清代續仿家便在當時的重學風氣影響下，創造出學殖醇厚、器識闊大的一系列文學化類書。《事類賦注》對於追求博聞強識的學子來說，可謂「及時雨」。當時清代的學子們對學問的追求是無止境的，再加之，隨著時代更迭，眾多新事物和知識的出現促使新的此類著作不斷誕生。這些著作在重學風氣的推動作用下產生，同時又對當時的重學風氣有著推波助瀾的作用。

第四，清代的經世致用思想對《事類賦注》續仿作品的產生亦起著不可小覷的作用。許結曾言：「中國文學有一個非常大的特點，就是講究功用，實用。」〔註42〕清代是一個崇尚經世致用的時代，這在很多方面皆有所體現。康熙年間始開博學鴻詞科，大力提倡實學，形成經世致用之風，以致當時「雖依然存有較多的言情寄意之作，但應制題、唱和體及律體賦的創作逐漸走向繁榮，清代賦作與賦學開始由前期向中後期的嬗轉，表現出不同的時代風貌。」〔註43〕此外，康熙帝還敕命編撰整理《古今圖書集成》等大型圖書，並為眾多詩文作序，諸如《古文淵鑒》《全唐詩》《四朝詩選》等，這些序跋無一不流露出經世致用思想。

統治者對經世致用的大力提倡促使有清一代的學者們頗為重視實用主義。與宋代學者側重的性命義理之學相比，清代學者更為重視名物度數之學以及對實際生活大有裨益的實用性學問。眾多編纂者在展開撰寫工作之前，首先考慮到著作的用途，堅持以實用作為編纂的前提。譬如，華希閔作《廣事類賦》一書，書內編錄天文部、歲時部、學術部、技術部、戚族部、服飾部、飲食部、器用部等方面的內容；張均作《事類賦補遺》一書，收錄天地門、山門、文武門、服食門、器用門等方方面面的內容。這些清人類書續仿著作所包含的內容相當廣泛，充分反映了續仿者追求實用的目的，這些《事類賦注》的續仿者期望能夠彌補《事類賦注》的缺憾，使之更適用於時人所需。

---

〔註42〕許結講述，潘務正記錄：《賦學講演錄》，北京大學出版社，2009 年版，第 44 頁。

〔註43〕孫福軒：《中國古體賦學史論》，浙江大學出版社，2013 年版，第 348 頁。

## 結　語

　　續仿現象是中國文學史和文化史不容忽視的一隅。一部著作一旦成為經典之作，抑或是備受關注的著作，便時常有續仿著作出現，這種續仿現象已然引起人們的關注，並形成續書理論探討。通過對《事類賦注》續仿著作及其眾多相關序跋資料進行研究，探究得知促使《事類賦注》相關續仿文獻產生的諸多因素。譬如，作者創作的功利性、作者家族承傳、作者對原著的不滿情愫、創作時間的延續性、結構的可擴充性和可模仿性、續仿文化的影響、科舉制度的促進、重學風氣的推動以及讀者的期待視野等因素。此《事類賦注》續仿著作產生原因這一個案研究暫可作為整個類書領域續仿著作產生原因研究的初步嘗試。

　　基金項目：國家社會科學基金重大項目「中國歷代書院文學活動編年史」（21&ZD253）

# 書　評

# 方以之正反相因與言外之默
## ——讀張昭煒教授《中國儒學緘默維度》

蔡家和

　　有學者將方以智思想歸於三教合一,而張昭煒教授《中國儒學緘默維度》一書則將其歸於儒學;筆者讀其書,特就方以智部分,認為此中重點有二:(一)方以智從傳統談萬象萬物相反而相即成。(二)中哲特重言外之默、覺知,與西方強調之知識、文字概念不同。方以智以其一生而實踐於這份哲思與生死之學,而關於生死學部分,余英時早已談過,筆者不再贅述。

## 一、中哲之知／言外之默

　　張昭煒教授配合杜維明教授講「體知」以發揚東方文化,寫了一書《中國儒學緘默維度》。這裡的「知」與西方客觀知識〔註1〕所成立之「知」不同,偏近於東方的自得之知、冷暖自知,是一種感知、覺知、形上之知,亦是實踐之知,而不是主客對立的知。唐君毅先生(1909～1978年)談謝上蔡(1050～1103年)「以覺訓仁」時,嘗稱此覺知乃是為一種「感知」:一種可以感通的形上學。這與一般感官的見聞、知覺不同。

　　傅偉勳教授(1933～1996年)在其《西洋哲學史》中,曾不斷地強調西學「思維與存在一致性」之原則。然而,西學主流乃是自亞里斯多德以來的「為知識而知識」,向來以純粹之理論理性為優位;若在以知識而引導行為、實踐方面,則非西學主流,至少不如東方來得切近與強調,一般會以為:西學重知,而中哲重德。然西學之以知識把握存在,其實也是不足的。

───────────

〔註1〕西學因主客對立,以知識趨形上真實,故有辯證,存有本身之變化,故可由正而反。至於中哲不是這種以知識攝受存在,而是實踐的契及,默識心通,故這些辯證可消解而化除。

　　比起西學之重知，中國這方面則未受到太多關注，如名家、墨子（墨辯）、荀子等，在勢力上皆不如儒、道、釋三家。佛教之中，雖也有因明學、量論等學門，但影響力不大。以儒、釋、道來說，道家特別崇尚玄智，如老子言「道可道，非常道」、「知不知，上」、「多言數窮，不如守中」；而莊子云：「吾生也有涯，而知也無涯。以有涯隨無涯，殆已！」這乃知識之外還有其體證之說明。

　　又佛家之禪宗大興，提出了「言語道斷，心行路絕」、「不立文字、教外別傳」。至於儒家，雖於宋明時期出現了朱子的「格物窮理」、陽明的致良知學，但終究歸宗於「德行之知」，以天德良知為其內涵，以仁為首，而非以智為首，見聞之「知」總不是終極目標。也就是說，從東方哲學出發，並不認為僅憑知識便可把握存在之整體。此類似西方康德（1724～1804 年）所提出：「論盡知識，俾為信仰實踐保留出路！」藉此轉向於實踐優位層次。

　　杜維明先生所發揮者，其實早在唐君毅與牟宗三先生（1909～1995 年）業已論及，儘管彼此所使用的名言、概念未必相同。牟先生使用「生命的學問」這一語詞。而唐先生在四十歲前後寫了《哲學概論》，討論中國哲人之運用語言與「超語言」，認為文字知識之外，尚有行動、體驗、實踐等更豐富面向。其曰：

　　　　孔子說：「蓋有不知而作之者，我無是也」、「知之者不如好之者，
　　　　好之者不如樂之者」。又說：「予欲無言──天何言哉！四時行焉！
　　　　百物生焉！天何言哉！」則孔子之學，是兼通於知與行，並兼通於
　　　　語言界與超語言界，亦是不成問題的。

　　這裡提到，「知之」是一個層次，還有更高層次的「好之」、「樂之」，後者乃是超越語言形容。又如《論語》以「剛毅木訥」、「訥於言而敏於行」來形容有德之人。《易傳》亦曰：「默而成之，不言而信，存乎德行。」德行之令人信服，猶如天之四時默運，超越於言語而成就萬物。對於君子之修學而言，比起知識，這是更加重要的。

　　孔子也曾講到「默而識之」，此「識之」不僅僅是西方主客對立、以主攝客之知，其中還有默識：自證、自通、自得之意。個中境界，只能意會，無法言傳。又如《尚書》：「知之非艱，行之惟艱。」而莊子則運用「寓言、重言」與「言外之默」，如曰：「知止於其所不知」、「六合之外，聖人存而不論」。

　　司馬遷《史記・太史公自述》：「……子曰：『我欲載之空言，不如見之

於行事之深切著明也。』」孔子教子貢之為君子，亦是「先行其言，而後從之」。而中國哲人如孔子，以及後來的程明道、陸象山等，皆不專事著述，蓋視言教之不如身教。

## 二、由體知以證萬象相反而相成而非二元殊絕

### （一）遺民之悲懷

張昭煒先生《中國儒學緘默維度》一書，把方以智（1611～1671 年）納入儒門之中；而黃宗羲（1616～1695 年）卻沒有把方氏放在《明儒學案》裏，也許覺其雜有佛、老，但在《思舊錄》裏，則提到方以智為黃宗羲把脈。方以智學問固然屬於三教合一，〔註2〕但也許儒家的面向較多，如王船山（1619～1692 年）、余英時（1930～2021 年）等人即持此見。〔註3〕

方以智以為，儒家之「東均」亦要透過佛學之「西均」才顯，而且把儒家藏在莊子之中，莊子真能知孔門心事而為孔門託孤。以下先舉方以智在《藥地炮莊》之，《逍遙遊總炮》，談及他身為明朝遺民之傷心人與不得志之心懷，而這與莊子之為孔門託孤竟相似彷彿。其曰：

> 大慧成《大衍曆》而歎曰：「乾隱於龍戰中，不見其首，神哉遊乎！」今日登黃龍背，飲南谷茶，誦《逍遙》一過。四圍蒼翠欲滴，白雲西來，平浮竹檻，萬峰在下，出沒有無。忽憶張濁民拈鄭憶翁句曰：「天下皆秋雨，山中自夕陽」。

「大慧」指大慧和尚（683～727 年）。其言，乾之用九為天德群龍無首，

---

〔註2〕 任道斌於《方以智年譜》之「四十二歲條下」談到：「在五老峰化名嗚嗚子著《東西均》，論萬物變化交輪，一以貫之，大中見小，小中見大，以為釋儒道三家，不可執一拘泥。」《方以智年譜》（合肥：安徽教育出版社，1983），頁180。此謂方氏學問屬於三教合一。

〔註3〕 余英時舉船山語，以證己見。船山曰：「青原晚號極丸，取一峰太極丸春之旨。此足見其存主處與沉溺異端者自別。顧一峰太極丸中，羞惡、辭讓、是非具足於惻隱之中。而密翁似以知和之和為太和，故深取莊子兩行之說，以為妙用，意熊掌與魚，可以兼取。則兼不得時必兩失也。」船山認為，密之（方以智）心有所主，即以儒家之羞惡、辭讓、是非為主，而與沉於異端者不同，然同時也有兩失之危險。王夫之：《搔首問》，《船山全書》（十二）（湖南：嶽麓書社出版，1996），頁635～636；余英時：〈晚年思想管窺〉，《方以智晚節考》，頁68～69。船山與余英時都認為，方以智以儒為主。太極丸春為羅一峰之主張，羅一峰為儒家，黃宗羲《明儒學案》放在《諸儒學案》（上）之中，其取意，似有羞惡、辭讓之心等具極於於其惻隱之太極丸中之意，故船山認為方以智可往儒家走，而與溺於二氏者有別。

此乃坤卦的龍戰於野，而乾隱於此。方氏是藉莊子而自喻，莊子之為孔門，一如方氏之為孔門；明清之際，明朝衰亡，此乃亂世之象，而乾（如同方氏）即隱於此戰龍之於亂世，於此神遊，就如同莊子之隱於戰國亂世，並神遊其中，莊子似不得志於當時，而為傷心人，而方氏之心境與處境亦相仿若。如今方氏登於黃龍背山，喝著南谷茶，一邊吟唱《逍遙遊》，彷彿若與莊子同遊。

張濁民就是張鹿徵，明朝遺民，崇禎死，無人敢弔，而唯他憑弔，後為道士。鄭憶翁即鄭思肖（1241～1318年），宋末詩人，名為「思肖」之因，乃在宋亡後改名思肖，因「肖」是宋朝國姓「趙（趙）」的組成部分，即是思憶宋朝；其字憶翁，表示不忘故國；其號所南，日常坐臥，要向南背北，因其為南宋遺民。

「天下皆秋雨」，此乃遺民之心情。方氏、鄭憶翁、張濁民及莊子，都為不得志之傷心人，故有「天下皆秋雨」之惆悵感傷，但也只能如龍之隱於亂世，遁於山中，而自得其樂、自得其獨，山中自有夕陽，而能逍遙豁達，但也傷其近於黃昏。方以智以遺民自居而感慨萬千，遂退藏於密，而自號密之，抑密其傷心人之悲懷。這裡，大可把方氏視為儒家；一者，以乾字言之，近於儒家，二者，以莊子之孔門託孤自喻，暗指自己繫念於儒門。

## （二）反因之說與相反相成

方以智《東西均》中談到反因，近於靜默退藏之說，係透過反面以成就正面，如憂患疾病，眾人避之唯恐不及，然病即是藥，危機即是轉機。如曰：

> 人無奈死於安樂，不知心心無心之真心，故憂患疾病為生死之藥。生死不二，則榮辱得失何足以二？瞑眩之幾，在乎終食，極乎顛沛、而造次為尤細，此聖人之勘生死也。誰傾軋我？誰割及我？……非我之恩人乎？人生不覿憂患，不遇疾病，則一隙蝸涎、皆安樂椰也。〔註4〕

死生之事，絕非語言所能盡者，而必於生命實踐之中表現。蘇格拉底（前470～399年）若只是嘴上談論生死，而無慷慨就義，大致亦不會受到世人懷念。

---

〔註4〕方以智著，龐樸注：《東西均·生死格》（第八段）（北京：中華書局，2001），頁128。

　　這裡講「死於安樂，生於憂患」。比如孟子：「人之有德慧術知者，恒存乎疢疾。獨孤臣孽子，其操心也危，其慮患也深，故達。」〔註5〕人之所以擁有德、慧、術、知，大多生起於憂患疾厄之中。生命中那些負面、陷落之人情事物，若彼顛沛、造次者，方為成就賢能君子之契機，此所謂相反而相因相成。人若不遇憂患，則是安樂之棺槨，葬送於斯矣。如蘇東坡之詩：「但願生兒愚且魯，無災無難到公卿」。此指未遭禍患，而一味愚魯。〔註6〕這裡說法，近於孟子。

　　方以智的反因之說，即是一種相反相成，而且隨時隨地都是「反因」，所謂：圓伊三點，互攝互融。又有「仁義即殺奪」，其曰：

　　　　吾每繹子思代明、錯行二語，而悟相害者乃並育也，相悖者乃並行也。子思知而正告，何何氏痛決其幾：彼謂仁義即殺奪，何謂非至理乎？以始乎仁義，後必殺奪也。特聖人不以殺奪而廢仁義、不立仁義，而令民忘之。忘仁義不忘嗜欲，嗜欲之殺奪尤速。知其殺奪，而救殺奪者仍是仁義也。假仁義以為殺奪，亦所以為救也。有小人乃以磨礪君子，刀兵禍患為有道之鑽錘，故曰：危之乃安，亡之乃存，勞之乃逸，屈之乃伸。怨怒可致中和，奮迅本於伏忍。受天下克，能克天下。欲取姑與，有後而先。〔註7〕

　　老子看到因為宣講仁義而至於相爭殺奪，故主張廢除仁義。但其實聖人不廢仁義，亦不廢殺奪，此如佛家天台宗所言：「但除其病，不除其法。」

　　這裡方以智引喻《中庸》：「譬如四時之錯行，如日月之代明。萬物並育而不相害，道並行而不相悖。」〔註8〕猶如春夏秋冬四季之交錯，或如日月之輪轉交替，此即萬物相生並育之道，各自流行而茁壯！此即所謂「反因」：看似殊途，而能相因相成。

　　又相害之相剋，反而能並育而相生，如《孟子·告子下》：「入則無法家拂士，出則無敵國外患者，國恒亡。」一如火水之相反、相因而相成。〔註9〕

---

〔註5〕《孟子·盡心上》。
〔註6〕又如方以智之師覺浪道盛禪師〈覆王子京居士〉云：「若吃老婆飯，抱不哭孩子，說不能說大話，將欺閭閻哉？「《天界覺浪盛禪師全錄》第27卷，《嘉興藏》第34冊，頁756。什麼事都由老婆代勞，手抱著孩子亦不哭鬧，日子過得極為安逸，這樣豈會有任何智慧？
〔註7〕方以智著，龐樸注：《東西均》，頁90。
〔註8〕《中庸》第三十章。
〔註9〕「天地惟有陰陽、動靜耳，非可以善惡、是非言也。聖人體道尊德以立法，故

若執一則遺漏另一，而恐有禍害，其曰：

> 陽氣附火，火日焚和，故能病人；然養人者，即此火也。庸醫清火，惟恐不盡，火盡而人死。食既滋之，飲以流之，藥常清之，鬱則發之。或滋其陰，以運轉自解；或培其本，以大補從治，使水火既濟而已矣。〔註10〕

意思是，良醫知曉陰陽互補、水火既濟之理，而庸醫則一味清火、滅火，則恐火盡而人死。故知萬物相反相成之理，如《莊子·秋水》：「知東西之相反而不可以相無，則功分定矣。」

相害之為並育者，如五行，有其相剋，亦有其相生。〔註11〕程子曾依邵雍而曰：「他山之石，可以攻玉。」〔註12〕這也讓人聯想到張子的《西銘》：「貧賤憂戚，庸玉女於成也。」如彼君子之遭遇小人，或可藉此磨煉君子。〔註13〕

方以智認為，子思是正面講，何何氏〔註14〕則要完整講，正、反都講，如曰「仁義即殺奪」，如天之生育萬物，而又摧折萬物。此接近《老子》之「有無相生」、「大道廢，有仁義；智慧出，有大偽；六親不和，有孝慈；國家昏亂，有忠臣」，仁義者，亦將造成不仁不義。〔註15〕如莊子所言：「且以巧鬥

---

名字之。一不住一，故用因二之一，以濟民行；因二剔三，而實非三非二非一也。舉其半而用其餘，用余之半皆其半，則所謂相反相因者，相救相勝而相成也。晝夜、水火、生死、男女、生剋、剛柔、清濁、明暗、虛實、有無、形氣、道器、真妄、順逆、安危、勞逸、《剝》《復》、《震》《艮》、《損》《益》、博約之類，無非二端。」方以智著，龐樸注：《東西均》，頁87～88。

〔註10〕 方以智著，龐樸：《東西均》，頁108。

〔註11〕 「陰陽相照相蓋相治，四時相代相生相殺，欲惡去就於是橋起，雌雄片合於是庸有。安危相易，禍福相生，緩急相摩，聚散以成。此名實之可紀，精微之可志也。隨序之相理，橋運之相使，窮則反，終則始。此物之所有，言之所盡，知之所至，極物而已。」（《莊子·則陽》）。

〔註12〕 「堯夫解『他山之石，可以攻玉』，玉者溫潤之物，若將兩塊玉來相磨，必磨不成，須是得佗個粗礪底物方磨得出，譬如君子與小人處，為小人侵陵，則修省畏避，動心忍性，增益預防，如此便道理出來。」《二程集》（一）（臺北：漢京文化事業，1983），頁35。

〔註13〕 「然待小人亦有道矣：《夬》曰：『施祿及下，居德則忌』；《夬》上反則《姤》陰在下，下固有以安之。聖人以《易》懼君子，所以重君子；以小人懼《易》，故責君子即以化小人。《泰》曰：『內君子，外小人』，不除之而外之，消息之道也；其治心也亦然。」方以智著，龐樸注：《東西均》，頁107。小人不可除，而可化。

〔註14〕 此乃方以智筆下虛構之理想人物。龐樸言：「何何，窮其底蘊也。著者一號嘸山，常在著作中以何生、何何子名義設問。此處化之為師弟，以述《東西均》其書與著者其人。」方以智著，龐樸注：《東西均》，頁22。

〔註15〕 不過，老子這段話的用意，是用來指出彼智巧機關之不可取，倒不如回到純樸

---

力者，始乎陽，常卒乎陰，泰至則多奇巧；以禮飲酒者，始乎治，常卒乎亂，泰至則多奇樂。凡事亦然，始乎諒，常卒乎鄙；其作始也。」這些都是相剋相生、相成相反之理。方以智以為，大道太極固不可言，然可即於道之陰陽之相反相成。

## 小　結

以上乃筆者讀張教授一書，特就方以智部分的讀後感，此很有中國哲學的特色，而別於西方哲學。第一，乃以緘默之面向，談知識以外的面向，而別於西學之重概念知識。第二，從方以智的圓伊三點，相生相成，相反相即，亦與西學的二元截然之主謂命題的知識面向是不同的，陰陽相攝之文化乃不同於邏輯二元文化，此乃由讀張教授之書而來的啟發，特以誌謝。

漠然、「鄰國相望，雞犬之聲相聞，民至老死不相往來」的情況，還要來得更好。與方以智宣揚的相反相生之理，不盡相同。

# 《「三〈禮〉」真精神》評介

鄧聲國

　　在中國古代社會，「禮」幾乎是無所不涵的社會生活的總規範。它影響、浸淫至制度、器物、行為、觀念、心態各個層面，甚至可以說，我國古代社會政治制度和世俗生活的各個層面都處於「禮」的制約之中。研究我國傳統文化，特別是研究儒家文化，處處會遇到禮學問題。眾所周知，通過幾千年演化積澱而成的中國傳統文化的核心內容就是孔子創立的儒家思想學說；而在儒家思想學說中，「禮」不僅代表了一種社會政治理想和一種倫理道德規範，同時也是儒家經典文獻中一以貫之的核心要素之一。早在春秋時期，儒家學派創始人孔子便教導其弟子云：「不學禮，無以立。」[註1]誠如晚清民國間學者所說的那樣，「六經之文，皆有禮在其中。六經之義，亦以禮為尤重」[註2]，「六經同歸，其指（旨）在禮。《易》之象，《書》之政，皆禮也」[註3]。作為孔子思想乃至中國傳統文化的核心要素之一種，儒家禮學思想的「禮」文化主要載體，便是先秦兩漢流傳至今的「三《禮》」，亦即《周禮》《儀禮》和《禮記》三部經典。隨著近三十年來傳統文化的復興和儒學文化的普及，國內普通大眾群體對「三《禮》」之書要義的關注和興趣開始蓬髮，不僅出版了許多專門論著，同時也出現了不少普及性讀物和網站。凡此種種，對於推動儒家「三《禮》」文化的傳播和普及，具有十分重要的文化傳承價值。然而，受囿於「當前多數國學類普及讀物中常識性錯誤過多，而專業論

---

〔註1〕《論語・季氏》篇。
〔註2〕皮錫瑞：《經學通論・三禮通論》，中華書局，1982 年版，第 81 頁。
〔註3〕曹元弼：《禮經學》卷四，載《續修四庫全書》（第 94 冊），上海古籍出版社，2002 年版，第 713 頁。

著或者一味瑣碎考據，或者流於空談」〔註4〕的情況，作為重要儒學典籍的「三《禮》」，其核心要素、內涵與歷代授受流變情況，以及對於當下文化建設所能扮演的角色與作用價值，等等，都有需要進一步廓清之處。有鑑於此，程奇立（丁鼎）先生憑藉自身多年來積澱的精深禮學素養和禮學研究，圍繞三《禮》的編纂成書與真偽情況、思想內涵與基本精神、歷代傳承與發展流變、當下的文化價值與社會價值等方面內容，作了一次較為全面系統的梳理論述，著成《「三〈禮〉」真精神》一書。

三《禮》包括《周禮》《儀禮》《禮記》三部儒家經典。三者儘管都是孔子思想體系核心要素——「禮」的外在文本體現，但各自所聚焦的話語體系各不相同，因而《「三〈禮〉」真精神》一書在構築全書的結構時，按照三者各自的核心要素謀篇布局，分為「《周禮》與古人的制度設計」「《儀禮》——禮的節目與儀軌」「《禮記》與『內聖外王』之道——心性之學與政治哲學」三編。通讀《「三〈禮〉」真精神》一書，程奇立（丁鼎）先生所取得的創見及著述特色主要可以從以下幾個方面來看：

首先，體現在對於「禮」的主要內涵、基本精神和核心地位的精準把握和確切定位上，具有自身的獨特創見之處。以「禮」在孔子思想體系中的地位論述為例，20世紀以來，學界關於孔子思想體系核心要素的認識頗有差異。例如，以牟宗三《心體與性體》、匡亞明《孔子評傳》、金景芳《談禮》等學者的相關著述為代表，主張孔子思想體系的核心是「仁」，成為學界研究儒學者的重要論調。當然，也有不少學者持不同聲音，如以陳獨秀《憲法與孔教》、蔡尚思《孔子思想體系》等學者相關著述為代表，主張孔子思想體系的核心是「禮」；20世紀90年代以後，劉蔚華、王世明等人試圖對前兩種說法進行折衷調和，並在《儒學，傳統文化與現代文明》《孔子倫理思想發微：現代生活語境中的〈論語〉解讀》等文獻當中，提出了「仁禮雙元統一結構」的孔子思想體系，亦即主張孔子思想體系中「仁」「禮」是二位一體的存在。有鑑於上述諸般說法的並存，不利於大眾讀者的客觀準確認知，作為一名資深的禮學研究專家，程奇立（丁鼎）先生多年來對此問題進行了深入探討，在其所撰《「禮」與中國傳統文化及當代和諧社會建設》（2005）、《「禮」與中國傳統文化範式》（2006）、《儒家禮樂文化的價值取向與中華民

---

〔註4〕廖名春：《總序》，載《三〈禮〉真精神》卷首，廣東高等教育出版社，2019年版，第2頁。

族精神》（2014）、《「禮」主導中國古代社會》（2020）等系列論文中，充分認證了「禮」的核心地位；如今，他在《「三《禮》」真精神》一書中，再次重申和論證了「禮」在孔子思想體系的核心地位，指出「『禮』是可以統攝包括『仁』在內的其他思想、政治觀念的根本範疇」，「『禮』是儒家經典文獻中一以貫之的核心內容」〔註5〕。不僅如此，程奇立（丁鼎）先生透過對歷代儒家學說的考察，指出「漢儒所總結概括的『三綱五常』，魏晉玄學所探討的『名教』，以及宋明理學中『形上化』的天理，其實都是『禮』這一範疇在不同歷史時期的不同表現形態」〔註6〕。其他諸如關於「禮」的主要內涵、基本精神等理論問題的探討，都是建立在程奇立（丁鼎）先生長期探索的基礎之上的，而《「三〈禮〉」真精神》一書《緒論》部分的相關討論，正是其長期研索結果的又一體現。凡此種種方面的論證，可謂是程奇立（丁鼎）先生對「三《禮》」真精神有益探索的一方面。

　　其次，體現在對於三《禮》的作者、文本真偽及其成書年代的討論上。關於三《禮》諸書的撰者是誰、成書於何時以及真偽之爭等問題，向來是學界研究的熱點話題。討論「三《禮》」之真精神問題，自然是無法迴避這一方面的問題，這也是《「三〈禮〉」真精神》一書頗多著墨之處，主要集中在第一編「《周禮》的真偽之真及其編纂成書考述」、第二編「《儀禮》與孔子的關係」、第三編「《禮記》的編纂與流傳」等專門章節當中。以《儀禮》一書的作者及撰作年代之討論為例，程奇立（丁鼎）先生在考察歷代學者的研究成說後，將其歸納為「周公所作說」「孔子所作說」「戰國末或漢代儒者所作說」三種說法；透過對各家說法的理據剖析，指出《儀禮》「十七篇的編作權主要應歸屬孔子」，「她本來可能是孔子依據前世流傳下來的古禮選編整理而成的、用以教授弟子的教本」，「孔門七十子後學也有可能續加編作與增益」。至少，從目前來看，倘若沒有更多的新材料的話，這一推論性見解是頗為可信的，易於為今人所接受。此外，關於《儀禮》各篇之後《記》文的撰作問題，程奇立（丁鼎）先生也指出：孺悲從孔子學士喪禮的時候，「『經』與『記』即已都包括在所書的內容之中」，「其編作權也應歸於孔子及七十子後學」，

〔註5〕程奇立（丁鼎）：《三〈禮〉真精神‧緒論》，廣東高等教育出版社，2019年版，第11頁。

〔註6〕程奇立（丁鼎）：《三〈禮〉真精神‧緒論》，廣東高等教育出版社，2019年版，第16頁。

「『記』文大約與經文撰作於同一時代」〔註7〕。丁氏的這一說法，有助於幫助解決和回答古人援引「經」文或「記」文不加區分的現象。至於有關於《周禮》真偽和《禮記》各篇作者及編纂成書情況的討論，亦多有真知灼見，此不一一贅舉。

再次，體現在對於三《禮》之學的經世致用現象考察上。儒家歷代學者都十分重視經典文獻的經世致用，對於三《禮》之學而言，亦同樣如此。為此，考察「三《禮》」的真精神，無法迴避三《禮》之學的歷代應用問題。例如，《禮記·禮運》一篇，雖然它僅僅只是戰國時期的儒家學者著述的一篇文獻，但「其所設計的多種社會調控制度和社會管理思想，成為後世許多王朝政治制度的藍本和後世許多思想家制度創新的靈感來源」〔註8〕。有鑑於此，《「三〈禮〉」真精神》一書各編都設計了專門的專題進行討論，包括第一編的「《周禮》的行政制度設計及其對後世政治的影響」「宗廟祭祀之禮與昭穆制度」、第二編的「《儀禮》所體現的周代宗法制度與倫理觀念」、第三編的「《禮記》在儒家經典體系中的重要地位」「《禮記·禮運》的社會理想與政治哲學」等專題。其所討論的這種經世致用現象，不僅涉及到個人與家族層面，更上升到了社會與國家治理等政治高度。此外，該書還討論了《禮記·樂記》篇對古代文學藝術理論建構的影響，《禮記·學記》篇對古代教育理論建構及其教育實踐的影響，《禮記·曲禮》和《內則》二篇作為禮儀啟蒙教材對古代教育實踐的影響，等等，各篇在文化價值方面的討論亦頗為中肯。更值得關注和肯定的是，書中還涉及到禮經具體禮文對當下傳統文化傳承與創新的價值探索，如第三編論「『大學之道』和『中庸之道』在精神文明建設方面的當代價值」「從當代『和諧社會』建設看《禮記》的當代價值」「從習近平總書記近幾年的講話和文章看《禮記》一書的當代價值」等專題，對於今人如何傳承和弘揚中華優秀傳統文化，頗多啟發借鑒意義。

最後，體現在對於三《禮》之學的學術史簡要梳理上。三《禮》諸書的傳播與授受及其發展流變，是三《禮》學研究的重要課題。程奇立（丁鼎）先生長期致力於三禮學研究，2009 年立項國家社科基金項目「三禮學通史」（編號：09BZX031），並於 2016 年完成該課題，結項等級優秀。因此，他

---

〔註7〕 程奇立（丁鼎）：《三〈禮〉真精神·緒論》，廣東高等教育出版社，2019 年版，
　　　 分見第 162 及 173 頁。
〔註8〕 程奇立（丁鼎）：《三〈禮〉真精神·緒論》，廣東高等教育出版社，2019 年版，
　　　 第 275 頁。

對三《禮》之學的發展歷史，有一個非常清晰的動態把握。《「三〈禮〉」真精神》一書各編最後一個專題，皆是討論《周禮》《儀禮》《禮記》三部書的傳授和學術史的發展流變情況。例如，第一編論《周禮》的發展流變，將鄭玄禮學研究的特點概括為：「突出提升了《周禮》在其禮學闡釋系統中的地位」，「不僅重視三《禮》在整個經學系統中的地位，而且將其他經義也納入禮學的闡釋系統」，「在當時的今古文經學之爭中捍衛了《周禮》的地位」；論三國時期《周禮》之學，謂「曹魏時期鄭玄和王肅的《周禮》學都被列於學官，這標誌著《周禮》從曹魏時期開始正式演變為官方學術」〔註9〕，等等。雖然僅僅只是一個粗線條式的梳理，但對讀者把握不同朝代的學風、重要學者的研究狀況及總體研究特點，頗具裨益。

綜上所述，《「三〈禮〉」真精神》一書從文化復興的高度，對「禮」的特質與內涵、傳統文化思想體系中的地位，及其三《禮》諸書的成書情況、思想內容、政治與文化價值、學術史的發展流變情況等，做了一次全方位的系統梳理，既有學術價值，更具社會價值。程奇立（丁鼎）先生站在重構中華民族的精神內聚力的高度，努力擺脫傳統學術研究的煩瑣考據，試圖客觀準確地追溯和還原三《禮》諸書的本來面目和社會價值，探尋三《禮》之學的發展脈絡，進行了一次有益的學術嘗試。《「三〈禮〉」真精神》其間容或有一些問題值得學界同仁繼續進行探討，但它對激發當下大家對三《禮》諸書的經典真精神，具有重要的開創性和啟發意義，這是毋庸置疑的。

---

〔註9〕程奇立（丁鼎）：《三〈禮〉真精神·緒論》，廣東高等教育出版社，2019年版，第131～135頁。

# 《民國學術評議制度的創建與
學術發展研究》推薦詞

司馬朝軍

　　張劍研究員是當今大陸科技史研究首屈一指的頂流學者，也是我的同事與好友。他長期從事中國近代科學技術與社會變遷研究，出版了多部相關研究著作，發表論文百餘篇，對鴉片戰爭以來中國科學技術的發展有相當透徹的瞭解與思考，特別是對近代中國影響最大的綜合性科學社團中國科學社的研究已得到學術界的廣泛認可，被遴選為中國科技史學會理事、中國科技史學會人物研究專業委員會副主任，擔任《中國科技史雜誌》《史林》編委等。

　　學術評議與獎勵是學術體制的重要組成部分，長期沉浸於中國近代學術體制化研究的張劍研究員也極為關注這一主題，2005 年就發表相關論文，2015 年以《民國學術評議制度的創建與學術發展研究》為題，獲得國家社會科學基金的資助。幾年來，他傾力於該課題，從民初的「函夏考文苑」到中央研究院首屆院士的選舉，為我們展現了民國學術評議獎勵制度創建過程中的各種艱辛與欣喜，分析背後的各種原因，並通過學術評議制度打撈數百名民國學人及其作品，重繪了民國學術發展的圖景。2020 年通過課題結項，得到同行專家的高度認可，獲得優秀等級。

　　該書作為民國學術評議獎勵制度的總結性研究，一旦出版，必將引發對民國學術發展的進一步研究。我本人對於近三百年的學術史比較關注，對此課題也非常看好。職此之故，鄭重推薦該書列入貴社出版計劃。

推薦人　司馬朝軍

2022 年 5 月 7 日於上海浦西之震旦園

## 【附錄】《民國學術評議制度的創建與學術發展研究》提要

從國外移植並本土化的民國學術評議制度作為學術體制的重要組成部分，是中國近代學術發展到一定程度的產物，具有以政府為主導、民間為輔助的本質性特徵。具體的評議過程中，無論是政府機構還是民間組織，都逐步形成了一套比較完善而公正的評議程序，以杜絕現實政治、意識形態及其他非學術因素的侵擾，顯現了學術獨立於政治、學術超越政治的學術自由的相對理想狀態；參與其間的學人們也往往超越個人利益與局部利益，以學術良知彌補了規則的漏洞，不僅遴選出能真正代表民國學術發展的奠基性作品與標誌性人物，描繪出民國學術發展較為繁盛的圖景，更建立起一套良性的學術運行機制，從而極大地影響民國學術發展。

## 《民國學術評議制度的創建與學術發展研究》目錄

# 《周易玩辭困學記校正》推薦信

司馬朝軍

　　明儒張次仲《周易玩辭困學記》「經二十餘年，凡六七易稿」而成書，是晚明的重要易學典籍，曾被收入《四庫全書》。然而，其人其書一直隱晦不彰，未被學界關注，以致其學術價值未能得到有效利用。該書「彙集群言」，引錄了大量的前賢時彥的易學論著，其中有些典籍已經亡佚，賴之得以保存，彌足珍貴。但是，張次仲在徵引前人之書時，雖然有一部分已經注明了係某人或某書之說，但未注明係引文的部分，依然有大量文句、段落為引用或化用他人之說。其中，標注了出處的還存在一些謬誤。陳開林博士運用史源學的方法，逐條查考該書文本，孰為引文，孰為己說，孰為甲說，孰為乙說，正本清源，使得文本的出處一目了然。一方面補充了部分引文闕注的缺陷，同時也糾正了原書的訛誤，為相關研究提供了一個比較可靠的文本。

　　另外，作者在校證過程中，發現了一些引文在其他易學典籍中被引用時，存在不標注出處、誤標出處或所標非原始出處等不足，書中也附帶加以糾正。比如焦竑《易筌》、曹學佺《周易可說》等書之文字，多引前人之說，而湮沒其出處。作者在校證時，多有指陳。就這個意義而言，這本書的校證不僅為學界提供了《周易玩辭困學記》的首個整理本，也為推進明清易學的研究提供了某種視覺。比如焦竑《易筌》、曹學佺《周易可說》的引文來源、潘士藻《周易述》、張振淵《周易說統》的引文訛誤，都可以相繼展開研究。

　　再如，作者在考訂文本來源時，通常援引幾家之說，頗為詳備。比如某則引文，同時見於焦竑《易筌》、曹學佺《周易可說》、郝敬《周易正解》，焦竑、曹學佺、郝敬是同時期人，且有交遊，這就反映了一個現象，即是這些學者的成果是相互交流、相互借鑒的。如果沿著這個思路向前推進，將明末清初的易

學典籍加以深入的考察，應該會有新的發現。

還有，查慎行《周易玩辭集解》襲用《周易玩辭困學記》之見解頗多，大都歸為「愚按」「愚竊謂」，這一現象也值得深入探究。查書已見於《查慎行集》《查慎行全集》，非常常見，而張書則無人問津。將兩書加以比對，對於查書的史料來源、見解，也會有一些新的結論。

陳開林博士出生於鄂東（近代以來大師輩出的神奇地方），為人誠懇，轉益多師，一心向學，腳踏實地，著述等身，洵為同輩之翹楚。我們亦師亦友，交遊甚密，知之甚深，故樂為推薦。

# 《子略校釋》評介

童子希

　　《子略》是南宋學者高似孫（1158～1231）的目錄學代表作之一，為品評古代諸子的子部專科目錄。因高似孫在黨爭中與道學一派為敵，其學風及行為志趣與代表當時主流學術的道學相左，故論者多鄙其為人，歷代學者對《子略》的評價也趨於兩極。該書在問世之初並不為學者所稱道，陳振孫《直齋書錄解題》之論頗具代表性，此後胡應麟、汪琬、紐樹玉、孫詒讓、姚振宗、余嘉錫、姚名達、劉咸炘、長澤規矩也等人對《子略》的評價與陳氏基本類似。與之對應的是，四庫館臣、姚際恒、楊守敬、孫德謙、洪業、內藤湖南等學者則甚重此書。

　　隨著相關研究的推進，《子略》在目錄學、諸子學、辨偽學等方面的重要價值逐漸為學界所重，但關於此書的專門研究仍不多見。民國以降，該書一直缺少質量上乘的精校精注本。顧頡剛先生最早校點《子略》，他以《百川學海》本為底本，校以四庫本及《文獻通考・經籍考》所引，1928 年由樸社出版，列入《辨偽叢刊》。雖在當時可稱「差較優善」（王重民語）之本，惜其參校本過少；後來顧氏也注意到了其中的不足，據《顧頡剛日記》記載，1929 年 7 月，他以《墨海金壺》本、《學津討原》本續校《子略》。1939 年，《叢書集成初編》叢書收入《子略》，以《學津討源》本為底本排印並加句讀，據《百川學海》本校正訛文闕字 14 處；該本僅有句讀而無標點，還不能算是現代意義上的整理本。1998 年，遼寧教育出版社《新世紀萬有文庫》出版張豔雲、楊朝霞點校本《子略》（與《史略》合為一書），則屬普及讀本。2015 年，浙江古籍出版社《浙江文叢》收入王群栗點校本《高似孫集》，其中《子略》以《百川學海》本為底本，以內閣文庫本、《學津討原》本參校，每卷後附校

勘記；此整理本利用了內閣文庫本且出校記是一大進步，遺憾地是不重四庫本，且沒有利用《文獻通考・經籍考》，個別地方存在逕改底本而不出校記的情況。鑒於《子略》久無善本，司馬朝軍教授歷數年之功，遍閱群書，參各家之長，對《子略》一書詳加校勘，精心考釋，撰成《子略校釋》（以下簡稱《校釋》）一書，於 2018 年 9 月由山東人民出版社隆重推出。該著入選《子海精華編》，為國家社科基金重大委託項目「《子海》整理與研究」成果之一，可謂是實至名歸。

　　《校釋》校訂精覈，訓解詳明，語必溯源，事必數典，可謂當前《子略》整理的集大成之作。在版本選擇上，《校釋》以中華再造善本《百川學海》叢書中所收《子略》為底本，參校本則採用影刊《百川學海》本、《四庫全書》本、《學津討原》本、《四明叢書》本、《叢書集成初編》本、《四部備要》本及日本內閣文庫本，所用版本達 8 種之多，囊括了海內外現存的《子略》重要版本。在校勘方面，《校釋》不輕改底本，而是於校記中以案語之法間出己意，體現出嚴謹的古籍整理態度。《校釋》還充分利用其他文獻材料以提供佐證，解決不少文本校勘方面的問題，《文獻通考》所引《子略》即為其中重要一種，如《子略》卷三《戰國策》提要「有不可而辨者」句，諸本均同，但於義難通，《校釋》據《文獻通考》於「而」前補一「得」字，則暢然可通。〔註1〕《校釋》還注意到以往整理本沒有發現的文本訛誤，如《子略》卷二《文子》提要「李白進訓注十二卷」句，以往整理本均無疑義，《校釋》指出：「『李白進』為『李暹』之訛，誤將『暹』字離為『白進』二字。」〔註2〕

　　更為重要的是，《校釋》博採廣徵，所收諸子研究資料與辨偽學資料頗為豐富，可補《子略》之疏漏。乾嘉學者杭世駿曾云：「作者以才為主，而輔之以學。興到筆隨，第抽其平日之腹笥，而縱橫曼衍，以極其所至，不必沾沾獺祭也。為之箋與疏者，必語語覈其指歸，而意象乃明；必字字還其根據，而證佐乃確。才不必言，夫必有什倍於作者之卷軸，而後可以從事焉。」〔註3〕若謂《校釋》「什倍於」原書，亦不為過。《校釋》旁搜遠紹，廣徵博引，取材書目、文集、序跋、筆記、類書、考證專書、今人專著等，將目錄學中「輯錄體」之例運用於古籍注釋之中，這種做法進一步提高了《子略》的學術價值，對目

〔註1〕　（宋）高似孫撰，司馬朝軍校釋：《子略校釋》卷三，山東人民出版社，2018年版，第 290 頁。
〔註2〕　（宋）高似孫撰，司馬朝軍校釋：《子略校釋》卷三，第 287 頁。
〔註3〕　（清）杭世駿：《道古堂集》卷八《李太白集輯注序》，光緒十四年刻本。

錄學研究、諸子學研究和辨偽學研究均極具參考意義。

　　其一，從目錄學方面來看，《校釋》於「辨章學術、考鏡源流」用力甚深。《子略》注重考辨諸子百家之源流，《子略目》摘錄前代子書書目就有這方面的用意。不過，《子略目》對各志子書作了大量的刪減，並刪去原有小序，因而其學術價值有限。有鑑於此，《校釋》以《漢志》為重點，從「著錄源流」「學術源流」方面對每一子書加以考辨，使得子書之著錄流傳、學術淵源犁然可觀。「著錄源流」主要彙集存佚與否、篇卷變化、書目收錄、流傳情況等方面的研究資料。「學術源流」則涉及子書的學派歸屬及其在目錄中的歸類問題。古代目錄學家對《漢志》某些子書的歸類頗有爭論，焦竑《國史經籍志·糾繆》、章學誠《校讎通議》等均有專門考辨，而更多材料則散見於各類著作之中。《校釋》對這一問題頗為關注，抉隱闡幽，刪繁撮要，梳理各家觀點，間下按語，質以己意。如關於《晏子》一書，《校釋》指出前代著錄是書，多入儒家，而柳宗元《辨晏子春秋》稱其當列之墨家，晁公武《郡齋讀書志》、馬端臨《文獻通考·經籍考》皆從柳宗元之說改入墨家，孫星衍《晏子春秋序》斥柳說為文人無識，而顧實《漢書藝文志講疏》堅持「柳說近是」，陳朝爵《漢書藝文志約說》堅持「柳說是也」；《四庫全書總目》又改入史部傳記類，陳直《周秦諸子述略》、蔣伯潛《諸子通考》斥其非，而《校釋》注以按語，以蔣氏之說為是。〔註4〕讀此則各家觀點之異同暢然可知。

　　其二，從諸子學方面來看，《校釋》凡注《漢志》諸子一書，不僅注重從「著錄源流」「學術源流」考其流變，而且從「書名理據」「學術大旨」「作者事蹟」「校讎源流」「讀書方法」諸方面系統輯錄了有關諸子的研究資料。《校釋》的這一分類方法，獨特精到，全面系統，自成一體，為先秦子書之集釋開闢了新的路徑。歷代對於《漢志》的考證、注釋之作成果甚豐，但在這些專書之外，尚有大量關於先秦諸子的心得、考證、論述文字散見於群書，故翻檢頗為不易。《校釋》搜羅、爬梳之功甚偉，不僅引材《漢志》注疏或考證專書，而且大量引用古代各類筆記、文集等文獻中的諸子研究原始資料，其中不乏罕見之書，同時參考了最新發現的出土文獻，因而具有很強的學術前沿性，為我們研究先秦諸子提供了一大批的線索，指明了進一步研究的門徑。如關於《管子》一書，歷代研究汗牛充棟，《校釋》引用劉向《序》、司馬遷《史記》、傅玄《傅子》、葉夢得語、蘇轍《古史》、朱熹《朱子語類》、葉適《習學記言》、

〔註4〕　（宋）高似孫撰，司馬朝軍校釋：《子略校釋·子略目》，第8～11頁。

《周氏涉筆》、宋濂《諸子辨》、嚴可均《鐵橋漫稿》、呂思勉《經子解題》、張舜徽《漢書藝文志通釋》、孫德謙《諸子通考》、王叔岷《管子斠證序》，可以說是各家論述中最具代表性的意見。〔註5〕

其三，從辨偽學方面來看，《校釋》在《子略》的基礎上進一步擴充了有關諸子辨偽的資料。高似孫有所疑辨的子書包括《陰符經》《風后握奇經》《鶡子》《金匱》《六韜》《孔叢子》《曾子》《莊子》《列子》《文子》《戰國策》《尹文子》《亢桑子》《鶡冠子》《鬼谷子》《中說》，《校釋》在注釋中細緻地梳理了歷代學者對這些子書真偽的看法，通過對比可以更清楚地認識和研究《子略》關於諸子辨偽的得失。不僅如此，《校釋》對《漢志》諸子中凡屬偽書或疑偽之書均加標注，重要子書則於集釋中設「論真偽」一項，博徵群籍，鉤考眾說，以考見歷代各家看法之異同，如關於《列子》真偽，《校釋》歷引柳宗元《辨列子》、李石《方舟集》、葉夢得語、呂氏語、趙希弁《讀書附志》、陸次雲《尚論持平》、吳肅公《街南文集》、姚際恒《古今偽書考》、鄭光祖《一斑錄》、蔣伯潛《諸子通考》、沈欽韓《漢書藝文志疏證》、馬敘倫《列子偽書考》、呂思勉《經子解題》、嚴北溟《列子譯注·前言》及馬達《列子真偽考辨》諸家之說。〔註6〕《校釋》對一些子書的真偽問題還提出了獨到的看法，如關於《文子》的真偽，《校釋》認為：「1973 年，在河北省定州發掘一座西漢後期中山懷王墓，出土大批簡書，其中有《文子》，證明在西漢時期《文子》已在社會上傳播，至於《文子》與《淮南子》誰抄誰，今亦尚難論定。簡書《文子》的出土，證明傳世本《文子》不偽，也證明傳世本《文子》並非古本《文子》之原貌，曾經後人竄改。歷代學者關於《文子》之辨偽意見，由於簡書《文子》的出土，多已不攻自破。」〔註7〕所論甚塙。

綜上所述，《校釋》體例新穎，引證廣博，校訂精覈，是一部《子略》整理的後出轉精之作，不僅對研讀《子略》，評析高似孫之諸子學、辨偽學思想有直接的推進作用，而且對考鏡諸子之源流，考察歷代學者諸子辨偽之得失，促進諸子學的深入研究，具有重要的學術價值。

---

〔註5〕 （宋）高似孫撰，司馬朝軍校釋：《子略校釋》卷三，第 64～67 頁。
〔註6〕 （宋）高似孫撰，司馬朝軍校釋：《子略校釋·子略目》，第 77～79 頁。
〔註7〕 （宋）高似孫撰，司馬朝軍校釋：《子略校釋·子略目》，第 71 頁。

# 序　跋

# 古書形成研究的學術史檢視與範式轉換
## ——趙爭《辨偽與存真：百年來的古書體例研究》序

寧鎮疆

　　趙爭博士的《辨偽與存真：百年來的古書體例研究》一書即將付梓，我感到由衷的高興。他讓我為這本書寫篇序，無論就作為他的導師還是就對這個課題的瞭解來說，我都覺得責無旁貸。趙爭博士曾從我攻讀碩士學位，畢業後又繼續在上大從謝維揚教授讀博士，我們從「師生」又變成了「同門」。博士畢業後趙爭到復旦大學出土文獻與古文字研究中心從劉釗教授做博士後研究，出站後由於上大人事制度的變化不能直接入職，就從我又做了一站博士後（師資）研究。入職上大後他成為我的學術團隊的重要成員，我們又成了「同事」。可以說，我算見證了趙爭博士「入行」的整個過程。

　　本書涉及的百年來古書體例及年代學反思，嚴格來講屬於學術史的範疇，這一點趙爭博士當初在其博士論文中即有涉及，後來他又結合出土文獻申請到上海市哲社課題繼續做這方面的研究。課題完成得非常出色，結項獲評優秀（《社會科學報》2021 年 2 月 18 日第 5 版趙爭博士有專文對此課題進行介紹），顯示鑒定專家對趙爭博士所做的研究是高度認可的。我覺得趙爭博士之所以能取得如此突出的成績，除了他的勤奮、用功之外，關鍵在於他是把「學術史」當學術來做的，因此這樣的「學術史」研究也是有「學術」含量的。這些年看到的很多碩博論文，學術史或曰學術史綜述部分，有不少都寫成了史志目錄：單純堆砌書目，開列清單。「學術史」與自己的研究基本上流於兩張皮：前人的研究與自己的研究是何關係？自己的研究如何能做

到「站在巨人的肩膀上」？不少作者對這些問題的認識還是模糊的，他們做的「學術史」因此只是蜻蜓點水、虛應故事，這樣的「學術史」可以說就完全背離了「學術」的初衷。

當然，就趙爭博士本書涉及的內容來看，對學術史的反思和梳理也是學術理路內在的必然要求。當下由出土文獻所催生的古書形成研究，古書體例是其中要探討的重要內容，而「古書體例」之稱最直接的源頭便是余嘉錫先生的《古書通例》。這些年學者做與出土文獻相關的古書體例和年代學研究，每每都承認余嘉錫先生的《古書通例》早已導夫先路，所論多能與出土發現合轍。而且，誠如趙爭博士本書所總結的那樣，仔細梳理學術史，其實我們會發現彼時像余嘉錫先生這樣於古書體例有如此通透認識的還多有其人，像本書提到的孫德謙、劉咸炘、呂思勉等先生就是如此。實際上，晚近以來已有不少學者以個案研究的形式對上述諸位先生的古書體例及年代學研究做過總結，而趙爭博士此書則將其置於古書體例及年代學探索的整體學術理路中去考察，以觀察那個時代學者的「同頻共振」。這些學者在這個問題上的「不約而同」，一方面顯示了問題本身的重要性，另一方面他們或從「體義」或從「讀法」入手，雖取徑不同，但卻大多又指向「古書體例」及年代學這一共性問題，這又適足以說明古書體例及年代學研究在學理上也有其科學性。今天我們有這麼多出土文獻作參照，無論是古書的「體義」或「讀法」，都頗有可說，但前人「說」過的卻不可不明。因為，從某種意義上講，古書可以說是「一條流淌的河」：出土古書在「上游」，傳世文獻在「下游」。上述孫、劉、呂、余等諸位先生所見，可以說是就「下游」情況所做的判斷，而我們是既看到了「下游」又看到了「上游」的情況。我們對「下游」的情況可能遠沒有前述諸位先生諳熟，但我們今天卻有獲知「上游」情況的優勢。今天的古書體例研究實際上是在上述諸位先生的基礎上「接著講」，「接」得好不好，關鍵在於我們能否把前人的工作領會、吃透，否則就不能保證我們的工作是「站在巨人的肩膀上」。這正是此一課題學術史回溯的意義所在。當然，鑒於古書上、下游之間的歷時性變遷和落差，「下游」並不能包舉「上游」，我們同樣也可以用獲知「上游」的優勢對前人工作進行檢視。晚近頗有學者在做對《古書通例》進行增補的工作，就體現了這方面研究的推進。

釐清古書演進的上、下游關係，我們就可發現 20 世紀上半葉以疑古為主要特徵的古書辨偽學，其實與前述孫、劉、呂、余諸先生一樣，也不過是

就「下游」的情況進行解讀和立說，因此廣義上他們都屬於「第一次反思」，只不過研究的方法和結論頗有不同罷了。在出土簡帛古書發現之前，他們的工作與上述孫、劉、呂、余諸先生為代表的技術路線整體上構成了「第一次反思」中的兩種不同方向，趙爭博士稱之為「相反相成」。當然，由於辨偽及與之相關的疑古運動的巨大聲威，辨偽這樣的對古書體例及年代學解讀路線，其影響一度曾遠超基於校讎學的古書體例研究。但晚近簡帛古書的大量發現，證明雖同樣是立足於「下游」，基於校讎學的古書體例研究較之辨偽學顯然要更得其實。有鑑於此，有學者建議用相對中性的「古書年代學」取代傳統的辨偽學，對此文獻學領域的學者可能會有不同意見，但我覺得至少就「上游」的情況來看這個提議還是有其合理性。因為就出土簡帛古書的實際情況看，傳統辨偽學的一些基本設想可能都陷於鑿空。這方面學者已經指出，相較於上述孫、劉、呂、余等直接立足於古書體例及內容本身的路線，近代重在疑古的辨偽學最大的問題就是觀念甚至是成見先行，認為偽書都存在個作偽動機，而作偽又都是要「託古改制」（主要受經今文學影響）〔註1〕，弄得偽書之偽，幾乎成了一種「學術意識形態」。而且，就辨偽學的實踐看，其歸納的模式也相對單一，於是我們就看到《古文尚書》、《竹書紀年》、《孔子家語》的辨偽幾乎走的都是同一條路線。今天由簡帛古書的發現，學者對古書形成的研究已經推進到類型學這樣的高度，反觀過去的疑古辨偽，可以說無論就話語系統還是解釋模型來看都已顯陳舊和單調。因此，趙爭博士主張當前的古書形成或年代學研究相對傳統的辨偽學實際是一種研究範式的轉換與更新，這是很有見地的概括。或許有辨偽學者會說，偽書的形成也存在如趙爭博士所概括「動態的」、「長時段」的現象，但這種「動態的」、「長時段」與「上游」簡帛古書所昭示的形成過程有根本的不同。就出土的簡帛古書的情況看，早期的古書大多不能以簡單的真、偽來評判，即漢志的所謂「依託」，其實也不是「偽」的問題。就此我還想說，不只辨偽學需要範式轉換和更新，其實與古書體例及形成有關的古典目錄學恐怕同樣也需要更新。因為我們的古典目錄學都是推本於漢志，那是漢人所做的圖書分類（也算一種對古書體例的認知體系），相對前面提到的古書流傳的上、下游關係，漢志其實只算「中游」，雖然去古未遠，但就目前出土的竹簡古書來看，春秋或西周時

---

〔註1〕可參李零《出土發現與古書年代的再認識》，《李零自選集》，廣西師範大學1998年，第22頁。

期的古書體例、分類顯然與漢志又有不同。我們看《國語》所記申叔時對楚莊王傅太子之教的「詩」、「禮」、「令」、「語」、「故志」、「訓典」之類，其實也代表了一種分類，它們與漢志所載就不盡相同。這當然與彼時的官學或貴族文化密不可分，說明古書體例雖然直接探討的本體是「書」，但其外部環境同樣不可忽視。求「書」於「書」外，這恐怕也是將來古書體例研究有待深入開掘的領域。

　　古書體例、年代學以及與之有關的古書形成問題研究，十幾年前，還是非常「小眾」的話題。如果你跟別人說是做這個研究，對方甚至都不知道那是幹啥的。但晚近以來，隨著出土發現的漸趨增多，特別是清華簡、安大簡中可與傳世文獻對讀的竹簡古書大量公布，這一問題才越來越成為「問題」。據我的觀察，無論古文字、古史、古代文學還是治思想史的學者，他們涉及出土文獻的討論中每每都會談到古書的形成過程問題，表明這個問題即便在不同領域的學者間也已經達到充分的自覺。從這個角度講，真的是「形勢比人強」。就個人相對比較瞭解的古史研究來說，與古書體例相關的古書形成過程的重要性也越來越受到重視。因為古史研究首先就要面對史料，研究史料首要的任務就是辨析其年代和性質，而古書文本無疑又是最為重要的史料。因此，古書體例及形成過程的研究，廣義上可視為古史史料的範疇，是為古史研究打牢根基的工作，絕非末技小道。隨著各種出土文獻的不斷公布，當下與古書形成有關的古書體例、古書年代學研究在深度和廣度上都有長足的進步。比如古書年代學已經區分出語料的年代、內容的年代、成書的年代等不同層次；在古書形成模式方面，現在學者也歸納出了更多的「類型」，趙爭博士本書第四章中的部分內容即屬古書形成模式類型學的一些個案式的考察；學者還從竹簡的物理形態入手考察其對古書篇、章結構形成的影響；簡帛古書關聯著書手（抄手）與閱讀者兩方，學者指出要重視雙方的書寫或閱讀習慣、文化素質甚至情勢緩急等因素對古書形成的影響；就大的流傳環境而言，官、私兩種環境對古書形成的影響也多有不同。這些古書體例或形成研究的縱深推進，也必將對古史史料學、古史研究產生持久、深遠的影響。有鑑於此，我們2019年以「出土簡帛文獻與古書形成問題研究」為題，申報國家社科基金重大課題並順利獲得立項，趙爭博士在課題設計及組織實施的過程中做了很多卓有成效的工作。我也相信以他在這個問題上的學術積累和專業素養，一定可以給本課題的研究做更大的貢獻，為學界增益更多新知。是所望焉。

# 《上海地區明代詩文集述考》序

劉廷乾

　　李玉寶君沉埋學術，數載靜默，星光曦微即偷時而起，燈火闌珊亦不忍離案，以探幽燭微、集腋成裘之毅力，終於將這部《上海明代作家詩文集述考》打磨成大器，對 137 位作家（內含遺民作家 9 人）的 263 部詩文別集，一一進行了述考，當其面世，必於學界輝光熠曜也。

一

　　有明三百年，文學繁富，卷帙汗牛，而充棟之材無疑以作家之詩文別集為最夥。然百年之明代文學研究，自探礦得小說戲曲之異寶以來，始終將其裝扮成明文學研究舞臺之主角，以偏概全，以少總多，用高竿之出天表來云遮基礎底盤之宏巨。儘管近幾十年亦不乏廣嗓大聲呼籲對明代傳統詩文的重視與研究，但理論叫呼頗響，而實際拓局仍不盡人意，積重一時難返。尤其在浮泛學風下，面對浩繁之明人詩文別集，沉潛讀書幾近奢望，一己之力，也確有望卷興歎之恨，故不免眼高手低，井觀臆斷。真學問，還得如玉寶君者，老老實實去讀一部部一卷卷詩文集，既深入解牛，析其筋絡，又總攬廬山，得其真面。

　　我總認為，對於明代文學研究而言，詩文別集本體，就應該是一個顯性的重要研究課題。這裡所言之別集本體，是說並非只有在等待研究明代作家、明代文學時，才把別集當作材料作延及性涉及，從而充實到研究框架中來。而是說明人詩文別集，無論是以所產與存世的「量」上的歷史縱觀，還是從創做到結集、編刊到傳存的時代斷切，它都顯示出對「別集」這一概念的總體集合層面上的研究優勢，它既具有詮釋別集概念的普遍性的代表意義，又具有獨特的時代內涵。而明人詩文別集作家本體的深度介入，又顯然是以往

時代所難具備的，故其中也就顯示著更明確、更成系統的創作理念、文學思想。也就是說，明人詩文別集，僅從其存世「量」上的覆蓋面，僅從其外部編刊理念的清晰度，就可以形成一個較為自足的把握明代文學命脈的研究環，更遑論深入別集內部肌理的研究。

玉寶君曾研究過明代文學人口的壯大與書業生產的繁盛問題，據其撰文統計，盛唐玄宗時期，全國生員有七萬餘人。宋代於徽宗時僅官學生員即有近十七萬人，加之宋代私學亦盛，其總體數量當更龐大。而明代，據明末顧炎武估算，僅正規學校生員數就不下五十萬人，加之其他各類學校，則總數不下百萬。就作家而言，《全唐詩》總收詩人二千餘家，《全宋詩》總收詩人不下九千家，此二代詩人數量是賴於後世統計。明代則不同，明代刻書業發達，公刻私刻皆盛，明胡應麟《少室山房筆叢》言：「凡刻書之地有三：吳也、越也、閩也……燕、粵、秦、楚，今皆有刻，類自可觀，而不若三方之盛。」據杜信孚《全明分省分縣刻書考》載，明代刻書者有四千六百餘人。就詩文別集而言，僅據清黃虞稷《千頃堂書目》載，明人詩文別集達五千餘部。

李時人先生曾做過一個更為準確的統計，明人有詩文作品存世者至少有兩萬人。我認為明人有詩文別集存世者近一千五百人（如深入研究，只能會更多），占作家數的十分之一，須知這是指有別集者而非指僅有散篇存世者，且是經歷幾百年之後的遺存情況，可以看出這個覆蓋面是絕對超出以往任何時代的。其存世詩文別集本集有近兩千種。相較於其他時代的有集即錄，《四庫全書》對明人別集全文收錄者不足三百種，卻仍然是歷代最多的。此所言之「本集」，有似於別集版本之母本，即同一別集有不同版本，或同一別集析出多種者，只按一種來計算，這更接近作家創作之本真面目。以此為基礎，再觀照明人詩文別集存世種數總量，從結集到編刊，從版式到種類，從別集內部結構，到體現別集之「別」，發現明人詩文別集的生產，在共性之外，有其獨特的時代內涵與朝代個性，體現出清晰的編輯觀、文學觀。

就結集過程而言，有生前結集、卒後結集、自我結集、他人結集等不同。生前與自我結集，又有貫穿以某種主題或某種目的的主題性結集、階段性總結之階段性結集及晚年近乎一生總結的全集之分；卒後結集又有家族結集、師門結集與社會結集之分，多有撰主臨終遺命以為遵守；他人結集則多為名人或編刊家所從事，或鄉邦推重為之編集。但明人別集尤其自嘉靖萬曆始，自我與家族編刊佔據主流，現有存世集子幾乎九成以上出於此。生前「珍重」其作，臨

終「文事」重託，「手澤」澤被後世，傾家只為「梨棗」，以集存文致「不朽」，體現出結集過程中撰主本體深度介入之特色。

就編刊過程而言，撰主的角色體現著時作時刊、未卒先刊的傾向，別集編刊的最突出特點是父業子述、父集子編，別集傳世的最突出路徑是子編、孫校、玄刊、裔護模式，別集編刊的保存與傳世流程則是正集、續集、三編、四編，別集編刊的維護則體現出一版、再版、遞補、遞刻的特點。

就別集版式而言，有手抄體、寫刻體、雕板體、活字體之別。寫刻體以類於手寫體形式刻印而成，字體自由，此種在存世明人別集中所佔比重較大，很多別集字體直拙，版本質量並不算高。它不同於雕板體的是，後者多為專業刻工，字體趨向工整標準。明人詩文別集以刻體為多，尤其在嘉萬以後，主要原因是時風尚浮，以文留跡、以文傳名風氣頗濃，即使傾家亦不惜付之梨棗，付之梨棗則傳之廣遠；二是文風尚富，文集內容繁富，動輒一集數十卷、上百卷，非手抄所能任力。別集版式還有一現象，即正文是雕板式，序跋則寫刻體，一是因為尚名之氣必請名家為之序跋，存其文的同時亦存其手跡；二是運用成板再刊時追加序跋的緣故。

就別集種類而言，一是單集類，即相對於全集而言的單出之集，有主題性單集，分體性單集，如詩別集、文別集等；二是全集類，尤其嘉萬後的全集，多持寬選態度，取捨幅度不大，以無遺漏為原則，多為族裔所編選。還有一種獨特現象，即有時於寬選全集之外，再出之以嚴選之全集，類於精華集；三是複合集類，有創作時間連續或基本連續、創作時間交疊或內容交叉之遞刻集，有出自不同人手、不同時期的同一作家的若干不同別集的繁刻集，有附有評點的評點集，有既帶全集性又有別集區分度的家族合刻的家集，還有附刻於他人集後、形成主副關係的附刻集。

明人別集有其獨特之「別」，一是別集中的非傳統詩文內容，名為詩文別集，有的不但加入了非傳統詩文內容，且此類內容於明後期有逐漸增多之勢，此可戲稱為別集中的非詩文之「別」；二是別集內容的「遷移暗轉」，由重「文學」性之文，遷轉為重「人學」性之文，傳「人」重於傳「文」，如別集中撰主為他人所寫墓銘類的超大比重，本質上是為證自家之名重，此可戲稱為別集中的人學之「別」；三是作品取捨的「去重就輕」，文學別集中非文學性內容的看重而大量留存，此可戲稱為別集中的非文學之「別」；四是別集中非「手澤」內容的增加，別集所附他人所寫與撰主相關資料的增加，如羅列大

量序跋、志傳、祭文等，除去所附，內核瘦小，此可戲稱為別集所附之「別」。

由此，明人別集編刊觀有其時代獨特內涵：家族編刊模式的普遍介入成為明人別集生產的最大亮點；父業子述、父集子編成為明人的自覺定律；別集求富、求全、求大是明代文人的普遍心態；別集的前附後綴及分量的加大是明人別集的普遍收容模式。此四點在明代有一個明顯的發展過程，自明中葉成化、弘治開始逐漸明顯，至後期嘉靖、萬曆時則體現最鮮明。

由以上亦可以探出明人於別集編輯層面上所體現出的文學觀念：其一，文人觀，由文人意識的增強，到文人角色的崇高。其二，文體觀，由文體明辨，到兼容並蓄。其三，文學立言觀，由立言之崇高神聖，到立言之普泛日用。其四，文學傳世觀，由傳「人」之「文學」，到傳「文學」之「人」。

以文集述考形式，從外部到內部去作深入研究，則是文集研究價值最大化、意義最大化的正確路子，玉寶君走的就是這條路。

## 二

明人詩文別集之研究，從結集、編輯到刊刻、流傳的外在層面，已然導向了較為自足的別集編輯觀、宏觀文學觀的深度，當然這還不是根本，詩文別集的最主要價值是作為所在時代作家與文學研究的基石性特性，此必然觸及到別集內部。由作家與別集兩要素，再將其置之於歷時性與地域性上，即可準確勾畫一時代文學發展之脈絡及全景圖。

根據我們的研究，明代詩文作家數量，在二直隸十三布政司中的分布規律是，作家數量最多的是浙江與南直隸（蘇皖滬），兩者之和占總數的 50% 以上；東部沿海地帶（自北而南依次為北直隸、山東、南直東部的蘇滬、浙江、福建、廣東）作家數均相對較多，其作家數占總數的 60% 以上；長江以南地區（跨江省份也按江南算）的作家數占總數的 85% 以上；還有一個特殊地區——環太湖地區，浙江的嘉興府、湖州府與南直隸的松江府、蘇州府、常州府為作家密度最大地區，作家數占總數的 20% 以上。以存世詩文別集而言，浙江與南直隸存世別集數占明代存世別集總數的 50% 以上，東部沿海地帶別集數占總數的 70% 以上，長江以南地區別集數占總數的 90% 以上，環太湖地區別集數至少占總數的 30% 以上。由此，則得出明代文學的「一圈」「一帶」「一片」「兩中心」「兩基地」「多散點」的總體布局特色。「一圈」指環太湖文學圈，此為明代文學繁盛圈；「一帶」指東部沿海文學帶，此為明代文學發

達地帶；「一片」指長江以南自浙江、東部福建向西到江西、湖廣所形成的片區，此為明代文學活躍片；「兩中心」指明代南北二直隸首府南京、北京，為明代文學兩大引領中心；「兩基地」指浙江與南直隸中的東部沿海即今之江浙二省，為明代作家與文學繁榮的兩大基地；「多散點」指明代以府州縣為單位的文學亮點分布，不管文學發達與非發達地區皆有，如江西的吉安、福建的莆田、湖廣的公安等。

　　明興，太湖南岸的嘉興、湖州仍與蘇南同屬一區，直至洪武十四年（1381），二府才從中央直屬中析出而歸屬浙江。明代浙江各府作家數量以紹興、嘉興二府為最多，遠超他府之上；而明代南直隸屬於今之江蘇地域的各府作家中，以蘇州府數量為最多，其次為常州府，二府也遠超他府之上。此外，浙江的湖州府，南直隸的松江府，作家數量也相當可觀。置於全國範圍看，在以府為建制的單位中，蘇州、常州、嘉興三府基本是作家數量最多的。如此，在明代，環太湖五府——蘇州、常州、松江、嘉興、湖州，就形成了一個密集的作家圈，並且成為明代文學最為繁盛的區域。環太湖文學圈所以成為明代文學發展的典範，與這一帶的自然地理、人文地理乃至政治地位都佔據優勢密切相關。尤其在文化與政治上，太湖流域恰是歷史上吳文化的核心地區，吳文化不僅歷史悠久，而且在中國文化中心逐漸南移東漸的歷史進程中，它處在一個得天獨厚的位置上，成為積澱深厚傳統恒久的地域文化典範；而且，太湖流域的北鄰是金陵，是中國文化精英第一次大規模南遷的六朝時的國都，太湖流域的南鄰杭州，是中國文化精英第三次大規模南遷的南宋時的國都。至明初，金陵再一次作為大一統帝國的國都，太湖流域所佔據的政治地理上的優勢再一次突顯。這一帶不僅是教育強邦、科舉雄邑，而且是文獻淵藪，作家以廣博的學識支撐起他們的文化文學品格；獨特的地理人文，支撐其產生有內蘊有情感的性情文字；作家具有自主意識的獨立文化人格，生成文學的區域品格，使這一區域的文學呈現出既主情又講究典雅清麗的特色，清雅與韻致是其文學的主導追求。

　　東部沿海文學發達地帶對明代文學產生了深刻影響，自然地理的沿海特點，在社會生產力及經濟條件等大大提高的情況下，具有了優勢；文化地理上，這一帶的吳越文化、齊魯文化曾對文學的發展產生過巨大推動作用；政治地位上，明代的兩大政治中心南京、北京在這一帶。三大優勢促進了文學的發達與繁榮。廣東作家與文學的全面崛起，不僅在明代文學發展史上具有

獨特的地位，即使置於整個中國古代文學發展史中，它也應具有里程碑式的意義。明代廣東文學發展和江浙文學繁盛現象的出現，共同印證著一個結論，這就是：中國古代文學發展繁榮中心南移東漸的動態趨勢，至明代最終完成，達到了最東南邊界。江、浙文學所以繁盛，是因為恰處於這種南移東漸完成後的中心點上。明代的福建文學，不僅在文學的南移東漸完成時態中創造了新高，而且在明代文學發展中也佔據著不可忽略的地位：一是開明代詩派之先；二是明初臺閣體領袖「三楊」中福建有一楊；三是高棅的《唐詩品匯》是明初詩學辨體理論的重要著作，開七子派宗唐先風；四是晉江王慎中，開啟明代唐宋文派；五是晚明李贄提出「童心說」，對文壇影響甚巨。明代的山東文學，在文學發展中心南移江浙的時代，山東作家卻是明代長江以北廣域裏的唯一勁旅。

長江以南文學活躍片，除去東部沿海文學發達地帶的相關省份外，擴大而成「片」狀發展的是兩個地域支撐即江西與湖廣。江西在明初，可謂臺閣體產生的重要基地；自弘治直至嘉靖、萬曆的明中後期，江西作家則又活躍於理學、心學領域，該期湯顯祖將明代傳奇劇的創作推向頂峰。有明一代的江西文壇，理學作家多，臺閣體作家多；溫厚審慎，恪守儒統，是該地域作家的基本個性。湖廣作家引導與轉變時代文風的影響不見得弘大，但為文學開新派意識頗為活躍，開宗立派之功不可沒，臺閣體「三楊」湖廣有楊溥，李東陽創「茶陵派」，「三袁」創「公安派」，鍾、譚創「竟陵派」，諸文學流派與吳中文壇皆有良好的互動關係。

明代南、北二京在明代文學發展上的引領作用異常突顯，成為兩大引領中心。一是明代眾多詩文流派多創自於兩京，創派或流派中的中堅人物，多有長期或較長時期的京師任職經歷；二是在帝都與留都並存的長時期內，流派中的重要人物同期分別於兩京任職、或一人前後任職兩京的也較常見，形成一定程度上的兩京互動，從而增強了流派的影響力；三是兩京的近便地區，都有優良的文學土壤與文學環境，如北京的近區山東，南京的近區江、浙。尤其南京中心，得天獨厚。使得文學新風一出、文學新派一開，便有了快速的呼應與助強之勢；四是兩京在文學上的巨大引領作用，又附生一新現象，即一些地域詩文流派或地域作家的領軍人物，也借兩京作為宣傳平臺，組織文社、文會活動，以擴大影響，又客觀形成了京師與地方的互動。比較而言，明代南京的文學引領中心作用更為突出。作為留都的南京，政治功能的淡化

反而更突出了其文化功能。明代文人於南京所舉行的社、會活動，規模之大，盛況空前，顯示出南京作為帝都和文學引領中心的開放融合式特色。

南京文學中心的獨特地位與作用，是因為它有江浙這樣的深厚文學腹地，因而，明代的江、浙也就成為作家與文學繁榮的兩大基地。一是代表時代文學的發展趨勢，佔領時代文學高地；二是有促成代表時代文學成就與高度的廣泛基礎；三是既引領時代主流文學的發展，又帶動地域內文學的全面發展；四是既融入時代主流文學又保持著相對鮮明的地域文學風格；五是文學有繼承與創新的活力，也有繼承與創新的有利條件。從普遍意義上講，明代江浙二地作家的創作成就相對較高，並形成良好基礎，促成兩地各體文學皆佔據最高陣地，詩、文、戲曲、小說、散曲都達到了明代的最高成就。

除以上外，明代文學發展中，不管是文學發達活躍區還是文學相對沈寂區，都表現出局部小區域的活躍與繁榮，形成眾多亮麗的「點」，在文學活躍區它成為繁星中的「明星」，在文學沈寂區它則成為疏星耀空的「散點」。東部沿海文學發達帶中，南直隸的蘇州、常州、徽州三府，浙江的紹興、嘉興、杭州、寧波四府，廣東的廣州府，山東的濟南、青州二府，北直隸京畿地區的順天、河間二府，都是文學繁榮點。江南片區中，江西的吉安、南昌、撫州三府，湖廣的長沙、黃州、岳州、武昌、承天五府，亦是文學亮點地區。其他如河南的開封、信陽二府，陝西的西安府，四川的成都府，雲南的雲南、臨安二府，貴州的貴陽、平越、都勻三府，文學亦不弱。

尤其值得注意的是，帶有獨特基因的區域文學氣息，在整個明代文學發展中的顯現，諸如明代作家「氣性」及文學風格的南北差異，明代江西、福建、浙江、廣東文學中的理學氣，明代江浙地區的地域文學跨時代基因等，必須深入到文人別集中，既作個案的深刻解讀，又作集合層面的宏觀抽繹，始可進其堂奧，透其底理。舉一小例，今人恐怕連編一本《明詩三百首》的勇氣都沒有，即使編出，絕難服眾，何以言哉？未入堂奧而妄言文學者，斷言明詩無傑作，去唐宋遠甚，無須以三百篇去步唐宋後塵；入其堂奧而怯於明人別集之浩瀚者，誰又能窮其詩而選其優哉！

三

長期浸淫於明代作家、明代文學的研究，是李玉寶先生的學術底蘊；居於滬上、任職書館，是玉寶君研究明代上海文學的學術優勢。他是古代文學名家

上海師範大學李時人先生的高第弟子，博士畢業即入職上海師大圖書館，本人亦有幸與其師出同門，故深知玉寶先生。恩師李時人先生雖已仙逝，卻在中國古代小說研究界有高標影響力，晚年又轉嚮明代文學領域，尤其注重明代地域作家與地域文學的研究，以寬廣之胸襟，極力提攜後進，我等亦參與其中。玉寶君曾對明代福建、浙江、南直之常州、松江等地作家與文學研究有深度介入，為後來的專題專域研究打下了堅實基礎。

此《上海明代作家詩文集述考》是其多年心血之結晶，治學過程中，窮搜廣輯，不遺一珠，補苴罅漏，張皇幽眇，矻矻丹鉛，勤勉苛細，非唯有海視之眼與踵巔之足，亦且有浪淘之待與時日之驗，是著一出，當為學林樹一標，助研壇一力器。

是著入眼即有亮點，先以緒論明研究理路、樹理論風帆：探索明代上海士人文化品格之構建，刻塑地域文人之風貌；綜論明代上海地區詩文別集歷時性、地域性之面貌，把脈地域文學之特性；燭探明代上海文獻繁富之成因，衡量文化土壤之沃饒；評析明代上海文化世家之輩出，佐證地域文學之可持續性。此緒言以理論高度立綱，以宏觀視野拓面，以獨家深度定點，既為具體別集之述考立原則，實又超出單說別集之局限，而上升至對整個明代上海地區作家與文學的總體觀照與評判。以本著之架構，內容難免細瑣，撰者之理論探討與獨到見解，亦難有系統貫述，而諸如此類恰是該著研讀前的總綱，此緒言則做了很好的處理。其中亦不乏精彩論斷，如言及明時松江府青浦一地的文獻時，總結曰：「青浦位於華亭以西，澱山湖畔，作家眾多，有詩文作品存世者近 200 人，有集存世者 30 人，存世詩文集 72 部。二十餘族皆為世家大族，他們重視文獻的生產，更重視對家族文獻的保護和傳承。下面以張弼家族為例，略述世家大族的文獻生產情況。張弼祖先是南宋汴京人，扈宋南渡來臨安。其上海始遷祖張澄（1237～1312）是張弼六世祖，號斗山先生，『邃於《易》，善卜筮，以才略自負。嘗為郡中畫計擒劇盜。』曾祖張庠（1364～1442）字存禮，號守株農，『以家學教授於鄉里，而於地理術尤精。』可見張氏祖上即以文化世其家。『學而優則仕』，張氏後人也和封建社會其他世家大族一樣走上了科舉仕宦之途。清葉夢珠《閱世編》卷五《門祚一》載：『吾郡張氏，支派甚多。……其在唐行橋者，始有東海公汝弼，以科甲起家，世有兩榜。至萬曆辛丑，瀛海以誠大魁天下，予不及見，然而崇禎之際，家聲猶盛。至本朝順治丁亥，蓼匪安茂成進士，歷官浙江學憲。其兄安豫，字子

健，初以府佐投誠，官至杭嘉湖道，二子相繼舉孝廉，亦稱一時之盛。』葉夢珠卒於清初，他僅紀錄了張弼家族明代和清初的仕宦盛況，清順治後張氏後人的仕宦盛況及文化活動未及寓目。現據祖譜、方志、墓誌、總集等資料可知，自張弼曾祖張庠始，迄清光緒末年的 500 餘年間，張氏一族子孫繁茂、人才輩出，真正屬於瓜瓞聯綿、世代簪纓之族。」作為經濟意義的上海，開埠較晚，但作為文化意義的上海，卻文脈悠久，至明大盛，僅青浦一隅，即讓我們看到了它的輝煌。

至於該著之主體，則是對明代上海地區的 137 位作家的 263 部詩文別集的細研細述與細考，對每位作家的詩文集，從版本刊存信息，版本流傳路徑，版本藏傳情況，到別集內容紀要，別集文學地位，別集文獻價值，再到作家小傳，作家的文學地位與貢獻等，或述或考或評，客觀詳實準確，而要言不煩。尤為可貴者，文中貫穿著對某些別集版本、別集內容等的考辨與證偽，還原本真面目，此等工作，見之於文，可能只有數語，背後卻是艱辛備至，正可謂：展於手中一片玉，須破頑石一座山也。

而且，玉寶君以任職大學圖書館之先機，得遍讀滄海遺珠之便利，已為我等所羨慕。然李先生並不滿足於此，即如本著之成型，為求別集之無遺漏，他曾數度訪書臺海，求善本，索孤本。尤其是一些稀見之詩文別集，束於高閣，蒙以厚塵，艱難訪得，不啻拱璧，藉此書出版始得以露其真容，如正德元年（1506）鄢陵劉氏山東刻本袁凱之《在野集》二卷、明嘉靖刻本沈愷之《守株子詩稿》二卷、明末烏衣巷刻本范文若之《麗句亭評點花筵賺樂府》二卷等。天道不唯酬於勤，亦且厚於堅韌不拔者，故數載下來，積案盈篋，有複製之孤本，有縮微之膠片，更有硬盤所存電子資料之無限。種類非一，助研為要；資料其全，求真為本。燦爛之，琳琅之，然後學術之至寶出矣。

讀書唯第一手史料是尚，治學唯實與唯新共舉，處世人品與學品並重，是玉寶君之寫照。當其華年錦瑟、學力壯盛之時，期待其學術成果，如引繩貫珠，連綿不絕也。

是為序。

# 《謝肇淛研究》序

周　瀟

　　明代詩學論爭喧闐，流派夾雜地域，時移俗易，吳中、越中、荊楚、南粵、齊、楚紛然樹纛，而於晚明尤烈。三百年間獨閩中詩派風氣不易：宗格調、主性情、遵法度、重學力，始終不渝。自明初之林鴻至明末之曹學佺，先後歷元末明初、正嘉之間、隆萬以後三次興盛，而復古之宗尚一以貫之，終成明代地域詩學之翹楚。故晚明鄧原岳云：「洪、永之間，專譚興趣，則林膳部（鴻）、王典籍（偁）名其家。弘、正之時，氣格為宗，則鄭吏部（善夫）擅其譽。至隆、萬以來，人操風雅，家掇菁華，道古本之建安，挨操旁及三謝，取裁準之開元，寄情沿乎大曆。典刑具存，風流大鬯，一代聲詩，於斯為盛矣。」（鄧原岳《西樓全集》卷一二）

　　謝肇淛是晚明一代奇才、晉安詩派代表人物之一，復振「閩中風雅」，他一生歷經整個萬曆朝政治社會的變遷，身處社會裂變、轉型時期，側身文壇復古、性靈之間，見識卓絕，著作甚豐。小說、詩文、詩話、雜著，洋洋大觀，對《金瓶梅》一書的公允評價更是助推了該書的廣泛傳播。謝肇淛與福州徐氏兄弟、陳氏兄弟、鄧原岳、曹學佺等諸子交遊唱和、往來不絕，掀起了晉安詩派的第三次詩學高潮，無疑是晚明兼具時代性與地域性的傑出文人，在當時已是名傳天下。然而當下關於謝肇淛的研究成果不足 60 篇，多集中於其隨筆札記《五雜俎》，零星涉及《塵餘》等，對其詩文、詩論做實質性探究者寥寥，與其聲譽、貢獻實不相稱，亟待含弘光大、研精究微。上海師大圖書館李玉寶研究員在眾多明代詩人中選擇了謝肇淛，積十年之力，以此鴻篇全面展現其文學面貌與思想光輝，無疑慧眼燭照。

　　謝肇淛的詩學於晚明獨樹一幟，其詩具有風韻婉逸的獨特風格，與竟陵、

公安有別。後人之評價一般著眼於他對前後七子的尊奉和對公安、竟陵的自覺疏離，此論只如浮光掠影，未得壺奧。其詩學的最大特色乃是鮮明的地域特徵，這也是他對閩中詩派的巨大貢獻，錢謙益視其為「閩中白眉」，屠隆亦曰：「黃白仲與予抵掌海內詞人，遂及閩士，而指屈在杭。」（《下菰集序》）其詩歌、詩論體現了棄宦歸隱之意、禪道山水之思、尊情美俗之求、貴真重己之念，既有鮮明的時代烙印，又有顯在的地域風尚。從這個意義上來說，對謝肇淛的研究是燭探晚明詩壇的一個重要視角。本書以晚明社會、文壇、閩中文學為背景展開論述，由面到點，切中肯綮。此外，考論俱佳亦是本書一大優長，著述考、交友考、結社考，補苴罅漏、遠溯博索，其價值不僅僅在於史料的準確完備，更在於揭示了謝氏與晚明文壇的密切聯繫，為後學研究築基打樁。末以對閩中詩壇的影響為結，再由點到面，登高博見，不落地域研究常見之目無全牛之弊。

我與玉寶兄同為上海師大李時人先生之弟子。2003 年以後，師門同袍在論文選題時集中於兩個領域，一是明代地域作家研究，一是明代詩文大家研究。我與山西師大的高建旺君首開生面，分做山東、福建兩個地域，後續研究遂絡繹不絕，積年之力終成大觀，遂成李師重大課題《明代作家分省人物志》之研究基礎。玉寶、魯茜等則以謝肇淛、李維楨為題。這樣點面交錯、如線貫珠，相得益彰，在明代詩文研究中拓出了一方天地。

在滬上求學期間，我與玉寶兄實未曾謀面，我於 2006 年 6 月畢業後即回到原單位青島大學教書，而玉寶於次年 9 月入校，畢業後進入上師大圖書館效力。因入門前後的緣故，她稱我為師姐，而在我心中，他是值得敬重和信賴的兄長。初次觀面，即緣於 2014 年冬初李師重大課題的開題會，師門俊彥齊聚滬上，故交新知濟濟一堂。畢業後，李師對同門屢屢謬讚於我，故大家對我頗不陌生，倒屣而迎，一見如故，我則深感浪得虛名，不勝慚愧。用餐時分，只見一位海派紳士等在門口，儒雅挺拔、彬彬有禮，一問始知為玉寶兄。因同為山東人，自然熟悉得更快，我對這位和善謙遜、老成穩健又幹練超群的師弟深有好感。會議期間，玉寶籌劃、接待、奔波其中，細緻周全、穩妥得當，深得吾師仰賴。明年師門再度聚首，共謀課題推進，日漸熟稔。其後吾師積勞成疾，漸成不支，纏綿病榻數月，因不肯讓弟子憂心，隱匿不發，故我等杳無所知，未得盡心於前。含蓼問疾、侍奉病榻者，惟上師大玉寶、玉栓、永文幾位賢兄。2018 年三月，李師抱恨終天，弔唁、追悼、卜葬諸事，諸君又

力任其勞，殫精竭慮，多方籌劃，使吾師極盡哀榮。其後玉寶埋首《明代作家分省人物志》之統稿、校讎，不辭負重致遠，以完成李師未竟之業。得玉寶，堪稱師門之幸，吾師之志有繼之者矣。

玉寶兄頗有幹才，遇事如錐脫穎，於學問起步雖晚，入滬以來，孜孜矻矻，館務之餘，「焚膏油以繼晷，恒兀兀以窮年」，功不唐捐，學問日進。以積年勤勉之力，終成累纍之功。近年來成果紛出，一一耀世。繼大作《上海明代作家詩文集述考》之後，又將擱置十年的博士畢業論文《謝肇淛與晚明福建文壇》刮垢磨光，重新架構，深鑿精雕而成此《謝肇淛研究》，雖云舊篇，實同新制，與舊稿相較，有雲泥之別，可謂奪胎換骨，點石成金，可喜可賀。玉寶兄於書中盛讚謝肇淛之狷介、愚直、家國之愛、赤子之心，我於謝氏所知不多，但我深知，恐怕這份戚戚之情正是玉寶十年懸而不忘、表之彰之的衷懷吧。

付梓之際，玉寶兄囑我寫一點文字，我實惶恐惴惴。一則才疏學淺，實不配為序；二則近年惰性大增，深負師友之期望。歲月蹉跎，華年已逝，百憂感其心，萬事勞其形，以有涯之生逐無涯之知，苦樂自知。宋末王炎午有《贈戴石玉》一詩，茲錄之以自勵而共勉：「琢之磨之，玉汝於成。孰為玉工，師友父兄。仙山之石，今則在我。彼璞之棄，我責之惰。為瑚為璉，如圭如璋。山澤之潤，邦家之光。玉不自毀，人自槿實。聞士稱名，不離其道。」

屬文之夕，恰為吾師逝世三週年祭日，玉寶的兩部新書也即將面世，這是一種最好的紀念與告慰吧。學思湖畔蕩漾的碧波又來拂掠我的思緒，桂林公園馥郁的花香再次沁入我的心底，離開求學之地已經 15 年了，那段心無旁鶩又纏繞著親情、友情的苦樂時光彌足珍貴。在迷蒙的淚光中，我的眼前又出現了時人先生手夾香煙，縱橫高談的模樣，那時，吾師還安好，我們還年輕。

# 汨羅司馬族譜序

司馬朝軍

　　司馬家族的歷史首先被司馬遷記載在《太史公自序》之中。《晉書‧宣帝紀》亦稱：「其先出自帝高陽之子重黎，為夏官祝融，歷唐、虞、夏、商，世序其職。及周，以夏官為司馬。其後程柏休父，周宣王時，以世官克平徐方，錫以官族，因而為氏。楚漢間，司馬仰為趙將，與諸侯伐秦。秦亡，立為殷王，都河內。漢以其地為郡，子孫遂家焉。自仰八世，生征西將軍鈞，字叔平。鈞生豫章太守量，字公度。量生潁川太守俊，字元異。俊生京兆尹防，字建公。帝即防之第二子也。少有奇節，聰明多大略，博學洽聞，伏膺儒教。」有關司馬家族的歷史，正史之外，筆記野史，方志文集，史不絕書。我們的先祖族人也留下了各種族譜。家族的記憶與民族的記憶相互參照，正好形成了我們的文化記憶。

　　自金人南下，司馬家族由北而南，散居四方，其中一支世居汨羅，繁衍至今。2019 年 10 月，山西夏縣組織全國各地司馬宗親慶祝司馬光千年誕辰，這是司馬家族的一次盛會，也是當地政府創下的一大盛舉。期間得以與汨羅宗親司馬亮勇、司馬剛、司馬國清等人相識。近年我們又一道至浙江紹興、河南鄭州、焦作、洛陽等地尋根祭祖，朝夕相處，情深意長，真可謂血濃於水。認祖歸宗之後，我們都有一種歸屬感與自豪感。特別是回到司馬氏龍興之地溫縣，在司馬懿得勝鼓的鼟鼓聲裏，我們又有了凱旋而歸的感覺。我們是司馬人，我們無比自豪！我們是司馬人，我們無比團結！

　　近日應作家司馬剛之邀，為汨羅司馬族譜作序。出於宗親之情，卻之不恭，只好倉促應命。我曾經參與整理《公安司馬族譜》，又收到各地宗親寄來的族譜，反覆閱讀之餘，有幾點心得體會與宗親分享：

　　第一，司馬家族是中華民族最富創造力的家族。中華民族湧現出了大量的精英人物，而司馬家族的精英之士也是其中最為耀眼的明星群體。政治、軍事方面有司馬穰苴、司馬錯、司馬懿、司馬師、司馬昭，歷史方面有司馬遷、司馬光，文學方面有司馬相如，宗教方面有司馬承禎（道教上清派茅山宗第十二代宗師）、司馬道信（禪宗四祖）。群星璀璨，光耀華夏。有此卓犖十公，司馬家族足以自豪！他們在各個方面都勇於創新，開拓新局面。有道是，司馬家族是中國的猶太人。此說自有深意存焉。

　　第二，司馬家族是中華民族最富保護力的家族。在三國分裂時期，山河破裂，文化也遭受嚴重破壞，一代奸雄曹操將孔孟正統文化破壞無遺，司馬懿與之背道而馳，終身捍衛儒教。經過反覆博弈，天下歸於司馬氏，結束了長期的分裂局面，為統一大業立下不朽功勳。晉朝更是倡導以孝道治理天下，使得中華軸心文化得以復興。我從族譜中發現一個秘密，我們的前人在給子女命名時遵守正統命名法則，即以「堯——舜——禹——湯——文——武——周——孔——孟」的道統作為首選字，代代相傳，從而形成了司馬家族的文化密碼與基因圖譜！一言以蔽之，司馬家族的文化基因就是守護中國文化的正統。在全面復興中華文化的今天，司馬家族應該發揮自己的獨特作用。

　　第三，司馬家族是中華民族最富正氣的家族。太史公司馬遷奮不顧身，為李陵辯護，慘遭宮刑，他包羞忍恥，發憤著書，浩氣凜然。王安石以變法之名，禍害天下。溫國公司馬光挺身而出，與之抗爭，大義凜然。二公先後著史，史者從手持中，中者，史冊也，代表公平與正義。歷代史書汗牛充棟，只有《史記》《資治通鑑》成為史家之絕唱、無韻之離騷，豈偶然哉！

　　我年輕時候特別愛誦讀普希金的《致大海》，現在對照司馬家族的族譜，重溫一遍，又別有一番情調。如果說司馬家族就是大海，我們每一個子孫都是其中的一朵浪花。讓我們永遠記住生生不息的大海，記住偉大光榮的司馬大家庭，下面節選幾句，作為此序之結語：

> 再見吧，自由的原素！
> 最後一次了，在我眼前
> 你的藍色的浪頭翻滾起伏，
> 你的驕傲的美閃爍壯觀。
> 彷彿友人的憂鬱的絮語，
> 彷彿他別離一刻的招呼，

最後一次了，我聽著你的
喧聲呼喚，你的沉鬱的吐訴。
我全心渴望的國度啊，大海！
多麼常常地，在你的岸上
我靜靜地，迷惘地徘徊，
苦思著我那珍愛的願望。
啊，我多麼愛聽你的回聲，
那喑啞的聲音，那深淵之歌……
你在期待，呼喚……我卻被縛住，
我的心徒然想要掙脫開，
是更強烈的感情把我迷住，
於是我在岸邊留下來……
有什麼可顧惜的？而今哪裏
能使我奔上坦蕩的途徑？
在你的荒涼中，只有一件東西
也許還激動我的心靈。
一面峭壁，一座光榮的墳墓……
那裏，種種偉大的回憶
已在寒冷的夢裏沉沒……
再見吧，大海！你壯觀的美色
將永遠不會被我遺忘；
我將久久地，久久地聽著
你在黃昏時分的轟響。
心裏充滿了你，我將要把
你的山岩，你的海灣，
你的光和影，你的浪花的喋喋，
帶到森林，帶到寂靜的荒原。

2021 年 10 月 23 日撰於上海淀山湖畔之海雲閣

# 《高似孫文獻學研究》序

司馬朝軍

人們往往以推崇義理之學的「宋學」來代表宋代學術，清代漢學家批判宋學空談心性、學風空疏。其實此種論調不無偏頗。殊不知宋代學術亦有注重考據的特點，宋儒在考金石、辨偽書、輯佚書、考詩文等方面均多有創獲，如歐陽修的《集古錄》、趙明誠的《金石錄》以及兩宋時期的學術筆記都是堅實的證據。當代名家張舜徽教授認為：「考證之學，南宋為最精。」此說雖為片面之詞，但也不是毫無道理。因此，關於南宋時期文獻學的研究是一個值得重視的研究課題。目前對於南宋文獻學家的研究有所展開，而高似孫的學術貢獻與他受到的關注卻明顯不成比例，這與歷來關於高似孫的爭議有很大的關係。高氏不好義理之學，不願空談心性，在政治上加入反理學一派，以至於被扣上「不忠、不孝、不仁、不義」的帽子，學者以「甚可笑」「迂詭不振」「抄撮之功多」「學識低暗」「無所發明」之語批評其著作。平心而論，高似孫博覽四部，勤於著述，精於目錄、辨偽、考證之學，多有發明。

童子希君十餘年前問學於我，當時我開始整理《子略》，遂以「高似孫文獻學研究」為題，囑咐他做成一部高質量的專題研究。他畢業之後又經過十年的修改打磨，充實了不少新的材料。該書第一次對高似孫的文獻學成就作了全面的研究，不僅對研究高似孫一家之學術有重要意義，而且有助於深化宋代文獻學的研究。具體來說，該書具有以下幾個特點：

第一，糾正了前人有關高似孫著作抄撮他書、無所發明的偏頗看法，指出高似孫在目錄學上具有破舊立新的勇氣，最早採用輯錄體、互著法，在史部分類上貫穿古今，在子部分類上破除繁冗，認為《史略》《子略》不同於以往的依據藏書編纂書目的範式，其目錄體例的特點是囊括百家，存佚兼取，

提要鉤玄，評介著述得失，總結學術流變。

第二，指出高似孫在辨偽方面敢於抒發己見，不僅在子書辨偽的範圍、論據上比柳宗元都有所發展，而且在辨真方面提出了自己的見解，同時在辨偽方法上能夠綜合運用多種辨偽方法，尤其注意從書籍文本內容的比勘來辨偽，體現出他在辨偽方法上成熟的一面。有學者認為高似孫在辨偽方面「多襲前人之說，發明甚少」，現在看來這種說法是不夠公允的，高似孫在古代辨偽學史上應有一席之位。

第三，指出高似孫注重輯佚的原因既與南宋初中期的社會背景和現實需求密切相關，又與他對歷代圖書散佚嚴重性的認識以及其自身的學術愛好有直接的關係，輯佚學理論與方法的發展以及學者輯佚意識的增強也是一個重要因素。該書認為高似孫是南宋從事輯佚工作的先驅人物，他的輯佚方法啟發了王應麟輯《三家詩考》《周易鄭康成注》，為南宋輯佚學的發展乃至清代輯佚學的繁榮提供了可貴的實踐經驗。通過細緻的文本分析，該書發現，高似孫輯佚的主要方法是取材於類書和古注，基本上出自《太平御覽》和《世說新語》劉孝標注。

第四，結合區域學術、家學、交遊、學術旨趣等因素，指出高似孫文獻學的主要特色在於：注重資料的輯錄，重視理清學術源流，強調會通與創新；在史書編纂思想方面，高氏主張敘事簡略，反對刻意為文、過於追求辭藻，重視史學評論，推崇秉筆直書，提倡博採史料、兼收並蓄；在書目編纂思想方面，具有重視著錄佚書、注重考證、不錄蕪雜之書、注重剪裁等特點。

此外，本書還提出了一些新的看法，如張海鵬《子略》跋認為高氏「卑法術、拒刑名、黜玄虛、掃摒闍」，而該書認為「黜玄虛、掃摒闍」之說並不能成立。又如關於高似孫考辨偽書的數量，一般認為有 9 種，而該書經過一一分析之後，提出共計 16 種，彌補了以往研究的不足。此外，該書還對《剡南高氏宗譜》所載高氏世系提出質疑，參考石田肇的成果編製了新的高氏世系圖，對研究高氏家族具有一定的參考價值。

童君來自湖北隨州，父母以種田為業。他為人忠厚，生性內向，不善言談，自少酷愛讀書。2005 年 9 月負笈珞珈山，就讀於武漢大學圖書館學系——那是國內排名第一的王牌專業，但他對這門偏信息化的學科起初並沒有太大的熱情，課外閱讀的多是學術史方面的書籍。在上了《版本學》《文獻學》等專業課之後，逐漸對閱讀和收藏古籍產生了興趣。2009 年本科畢業之後，

他留校跟隨我繼續攻讀文獻學碩士，2011 年 7 月獲碩士學位。畢業後服務於黃岡師範學院圖書館，業已發表《高似孫辨偽方法探析》《論高似孫對專科目錄學的貢獻》等論文十餘篇，主持黃岡師範學院青年科研基金等項目，獲湖北省圖書館學會 2013 學術年會徵文二等獎、湖北省圖書館學會 2014 年學年會徵文一等獎等。前些年我還在武漢大學任教時，曾經勸他繼續攻讀博士學位，他當時面有難色，也沒有說明理由。一個可以在專業方面有所作為的年輕人自動放棄機會，很長一段時間我都不太理解，我當時敦促不力，用是耿耿於懷。前不久，他又想重返高校繼續攻讀博士學位，但我已經愛莫能助。他在專業方面一直還在默默用功，業餘治學十分不易，還是值得肯定的。在博士學位已經嚴重貶值之時，讀不讀其實已經無傷大雅。只要不忘初心，牢記使命，仍然可以圓學者之夢。

　　是為序。

　　　　　　　　　　2021 年 11 月 25 日寫於上海淀山湖畔之海雲閣

# 《〈紅杏山房聞見隨筆〉辨偽》序

司馬朝軍

　　王獻松博士於 2007 年自河南滑縣考入武漢大學國學班，我那時還在中國排名第一的武漢大學信息管理學院任文獻學教席，並為全校學生開設「《四庫全書》與中國文化」通識課程，他也選了我的這門課，課餘他非常誠懇地表示願意跟隨我學習傳統學問。我見他樸實憨厚，欣然收在門下，用心調教。他一心向學，心無旁騖，進步較快。適逢我主編《文獻學概論》《四庫全書與中國文化》等書，他也參與其中，有所奉獻。2009 年我應邀撰寫《續修四庫全書》雜家類提要，他也承擔了前期的資料搜集與部分條目的編寫任務。在全國最美麗的大學校園，我們一道一級一級登上櫻頂，在老圖書館閱覽室翻閱《續修四庫全書總目稿本提要》，後來又輾轉在文理學部圖書館、哲學學院資料室、歷史學院資料室等處搜集資料。印象最深的是，在中國傳統文化中心資料室裏，我們將 90 巨冊的《續修四庫全書》雜家類著作擺成一條長龍，加班加點核查原始資料。2011 年，他本科畢業，就從這批撰寫的提要稿中選擇了九篇作為畢業論文，獲得了答辯專家的好評。那年下半年，我轉任中國傳統文化研究中心專職研究員，同時兼任國學院經學教授，他跟隨我繼續在國學院讀碩士研究生。不幸的是，他們這一屆碩士還是兩年制，時間匆忙，儘管他也很用功，也寫出了一篇比較紮實的碩士論文——《〈子華子〉研究》，但還沒有學會撰寫期刊論文。2013 年 9 月他又考取我的博士生，開始了一段艱辛的寒窗苦讀。我當時對他比較嚴厲，敦促力度較大，他一度也感到苦悶彷徨，一連幾個月獨自待在學校圖書館內檢索文獻，反覆揣摩學術八股的訣竅，精誠所至，金石為開，忽有一日，豁然開朗。見他開竅，我也欣然自得，任他跑馬圈地。在他前後入門的其他幾位博士生就沒有這麼幸運了，他們吃不了這份苦，受不

了這等罪，紛紛另謀出路。後來有學生前來聯繫，我以「九死一生」的實況直言相告，從此門前冷落鞍馬稀，只有那些「一不怕苦、二不怕死」的敢死隊員才有膽量跟著我。學官們對我意見甚大，批評我管理太嚴，甚至揚言要追究我的責任，有的學官還假惺惺地現身說法，傳授所謂的秘訣（實際上就是「害人經」），而我死不改悔，一直秉承黃焯先生的遺訓：「博士論文要為國爭光。」我決不給任何投機分子以任何投機機會，我的迂腐被視為笑談。實際上中國博士學位早已被大量廉價批發，多少達官貴人不費吹灰之力就戴上了博士帽，甚至富豪們也加入了搶「黑帽子」的行列。嗚呼！博士制度在短短的幾十年間就腐化墮落了。我要說的是，王獻松無愧於博士的稱號。我曾三度與珞珈山結緣，也曾為守護珞珈山的學統而自豪，更為培養出合格的博士而欣喜。2017 年 5 月，我特地趕回母校，邀請著名學者詹海雲、謝貴安、胡治洪、張固也、徐道彬等，為王獻松召開博士論文答辯，並順利通過。於是，王獻松成了我帶出來的第一個博士。

這本《〈紅杏山房聞見隨筆〉辨偽》並不是他的博士論文，而是在寫作博士論文之前的一個副產品。我起初讓他以顧炎武學術為對象，展開博士論文的前期準備，他就以「顧炎武學術史研究」為題申請了武漢大學博士生自主科研重點項目。此前我為研究生舉辦了各種讀書班，先後研讀過《漢書藝文志》《子略》《四庫全書簡明目錄》《四庫全書總目》《輶軒語》《書目答問》等書目文獻，儘管多多少少也有一些收穫，但總的感覺是學生讀書太少，功力太淺，難以深入，容易浮在面上。至此我也改弦更張，從自身閱讀雜家著作的實際經驗出發，開始與研究生一道研讀顧炎武的代表作《日知錄》。不久，王獻松跟我談到，他發現了一部偽書。我剛好獲得一個「辨偽研究書系」的重點出版項目，讓他趕緊放下手頭的雜務，集中精力趕寫初稿。他夜以繼日，經過一番苦戰，拿出了一份沉甸甸的初稿讓我審閱。我表面不動聲色，甚至吹毛求疵，實則欣欣然有喜色。當時他已經將相對容易的材料基本處理完畢，但還有將近 200 條比較複雜的材料沒有查明抄襲來源，我傳授一些檢索技巧，讓他進一步擴大搜索範圍，翻閱相關的文獻典籍。他又經歷了一番「上窮碧落下黃泉」的辛苦把梳，最後只剩下 6 條沒有查明來源，可以說是很好地完成了文獻探源工作。這「第一桶金」對於一個當時尚未畢業的博士生無疑是一份值得慶賀的成果。

《紅杏山房聞見隨筆》是一部按內容進行分類的學術筆記，全書共 908

條，分經訓、讀史、解字、輿地、時序、格致、稱謂、醫藥、仙佛、人才、忠孝、巾幗、詞翰、學校、選舉、職官、葬祭、談苑、術數、寶玩、怪異、鳥獸蟲魚、草木花果、外域二十四類，內容涉及到傳統社會生活的各個方面。對這樣一部內容紛繁複雜的著作進行文獻辨偽工作，無疑對研究者的知識積累和學術訓練提出了很高的要求。但王獻松博士的這本《〈紅杏山房聞見隨筆〉辨偽》，基本上很好地完成了這一任務。具體而言，該書主要有以下特點：

第一，追根溯源，考察抄襲來源。在文獻辨偽之中，考察文獻的抄襲來源是一種最基本的方法，這也是作者運用的主要方法。在全書 908 條中，作者除 6 條（占 0.66%）未考察到抄襲來源外，其他 902 條（99.34%）均考察出其文獻來源，完全可以判定《紅杏山房聞見隨筆》的偽書性質。在具體的條目中，作者先列其抄襲來源，以與原書條目相對照，並以按語形式描述其增刪改竄情況，逐條展現《紅杏山房聞見隨筆》的作偽細節，很好地完成了文獻探源的工作。

第二，定性定量，分析作偽情況。除對全書條目進行文獻來源考察之外，作者在《前言》部分還從定性、定量方面，對抄襲來源的文獻數量、抄襲是否交代文獻來源以及抄襲文獻的頻次作了分類和統計，從整體上展示了《紅杏山房聞見隨筆》的主要作偽情況：就具體某一條目而言，它以抄襲某一部書中的條目為主（占 95.594%），而且大部分條目都隱匿文獻來源（占 94.493%），在抄襲所涉及的著作中，又以抄襲顧炎武《日知錄》、王應麟《困學紀聞》為最多（共 271 條，占 29.946%）。

第三，總結歸納，指明作偽特點。作者在對抄襲來源所涉文獻進行總結時，還進一步歸納了《紅杏山房聞見隨筆》「連續抄錄同一文獻」和「抄錄叢書」的作偽特點。其中《紅杏山房聞見隨筆》「抄錄叢書」涉及著作共 54 種，條目凡 491 條，占全部條目的一半以上：抄錄《知不足齋叢書》中著作 47 種，涉及條目 422 條；抄錄《說鈴》中著作 4 種，涉及條目 22 條；抄錄《陸雲士雜著》中著作 3 種，涉及條目 47 條。可以說，《紅杏山房聞見隨筆》有 80% 以上條目，來源於《日知錄》《困學紀聞》《知不足齋叢書》《說鈴》《陸雲士雜著》5 部著作。

2009 年我獲得國家社科基金項目「文獻辨偽的集成與創新」，2015 年課題結項，當時此書也是其中的一部分。我自 1999 年開始引發辨偽興趣，經過 20 年的探索，完成了一系列文獻辨偽學的論著，成為辨偽專業戶。有道

是：「十年樹木，百年樹人。」我們所從事的專業乃是絕學冷門，成材率極低，學生之中惟有獻松君有所發現，有所推進。捧讀此書，喜不自勝。顧炎武以「博學於文，行己有恥」自勉，我們研治顧學，也當以此八字交相勉勵。獻松君今當而立之年，年富力強，博士畢業後入職教育部人文社科重點研究基地安徽大學徽學研究中心從事科研工作，自當再接再厲，戒驕戒躁，勇猛精進。

2018 年 4 月 18 日序於上海文淙閣

# 《四庫全書總目史評類研究》序

司馬朝軍

　　閻超凡同學 1988 年 7 月生於山西平遙——一個有著極高知名度的旅遊城市，同時也是一個文化積澱非常深厚的城市。2008 年，他考入海南大學文學院，攻讀漢語言文學專業，2012 年獲得文學學士學位。工作四年之後，超凡毅然決然地報考研究生，立志於做學問。自 2016 年夏季起問學於我。他為人剛毅木訥，好學深思，屬於沉潛一流。我在武漢大學時期曾經多次組織讀書班，引導研究生一邊讀原典，一邊嘗試做項目。而他在某次聽了著名史學史專家瞿林東先生的講座之後，暗中得到瞿先生的指點，對於史評發生了濃厚的興趣，於是在碩士論文選題時選擇以《四庫全書總目》史評類為研究方向，《〈四庫全書總目〉史評類研究》就是他的碩士論文選題。碩士畢業之後他繼續留在武漢大學攻讀博士學位，我鼓勵他繼續擴充完善碩士論文，於是就有了這部處女作。

　　此書是閻超凡在研究道路上的初步嘗試，雖然很多地方尚顯稚嫩，但經過一番努力，仍就一些學界之前所忽視的問題提出了自己的新見解，大致可留意者如下。

　　關於史評的概念，一般人往往會望文生義，以為史評指的就歷史評論。這是一種現代語境下對「史評」的誤讀。如果置於目錄學的視野下，史評並不單指歷史評論。本書以《四庫全書總目》史評類為中心，參考其他目錄學著作，詳細區分了史評類著作的不同類別，指出「史評」可包含史學義例、史論、史考、敘史詩、詠史詩，四者既各有特色，又相互交融。如果只是將史評視作一種歷史評論，那麼難免會有割裂史論與史考的傾向。有鑑於此，本書在探討史評的起源與早期發展時，不僅考察《左傳》中的「君子曰」、《史記》

中的「太史公曰」，也考察了諸子著作中的史論，漢代興起的史注，它們一起在魏晉時期匯聚發展為獨立的史評著作。

目錄學中史評類產生於「文史類」，似乎已成定論。但這種判斷顯然不夠全面，因為文史類中往往只收錄像《史通》這樣論史體的史評著作，卻不收錄其他史論與史考著作。此書依照後世史評類著作在早先目錄學中的歸類情況來探究目錄學中史評類的起源，發現史論、史考著作在早先的目錄學中多歸於正史類、編年類，之後又有一些被歸於雜史類，在文史類產生之後，史論與史考著作的歸類情況仍未有根本的改變。當然，此書也不否認文史類在史評類產生歷程中所起的特別作用，它使史評著作在目錄學中有了新的參照點，使後世之人逐步發現史考、史論著作同像《史通》這樣的史學義例著作的相關性，這為目錄學中史評類的最終產生奠定了基礎。

本書從《四庫全書總目》史評類出發，指出史評類是一種「兼史兼子」的類目。在古代目錄學中，史部主要錄入記事之書，而議論與雜考證之書則通常歸於子部。史評類著作所論所考，都不離史書與史事，從這個角度上講，它是史學的一部分；但在傳統目錄學傳統中，議論與雜考經史之作又常常歸於子部，在這個意義上，史評又是諸子學的一部分。而將目光置於《四庫全書總目》子部，無論是儒家類，還是雜家類，有很多著作考論經史子集內容，其中還有一些筆記著作的內容以史評為主，但它們都因內容不全為史評而置於子部，不過也足見有大量史評文字被置於子部。若以今日的學科分類觀來看，子部中不僅論史考史的文字，而且那些考證經、子、集的文字，也都可算是一種史學。但在古代，學科的分類以書籍的分類為基礎，考論經書則為經學，考論史部則為史學，若兼考經史，則例歸諸子學。本書指出這一點，便於在古代學術史的研究中留意古今學科概念的變遷，以防止簡單的以今衡古。

傳統學術以治道為中心，以正經、正史、正學為體，以雜經、雜史、雜學為用。一般來說，四部的學術地位呈現遞減趨勢，即經部高於史部，史部高於子部，子部高於集部。這種不平等的學術觀念恰好與現代學術背道而馳。這也是現代人難以穿越的一道鴻溝。《四庫全書總目》以經部為龍頭，史部、子部、集部地位逐次遞減，子部地位總體上不如史部。與《總目》之前其他目錄學著作不同，帶有子部色彩的史評類亦在史部各類的排序中居於末尾，表明了《總目》對史評地位的貶低。之所以如此，正與清代皇權之下對思想的鉗制有關。這種思想鉗制在有些地方表現得很粗暴，一如史評類小序中所

言是要「燼火可熄」，或是在提要中指責有的著作「偏駁」「悖妄乖戾」，但很多時候還是用了很多軟性手段，此書正好分析了這些手段。如指出《總目》史評類重史考而輕史論，在史評類中因為史考議論較少，因此也就較少牽涉與官方意識形態相衝突的文字；雖然這也受《總目》「崇漢抑宋」大格局的影響，但置於史評類中時，則成為既推崇「史學」反對「空談」，又能完成在史評中壓制史論的總格局。又如指出《總目》史評類的提要文字也在確立自己的一套史學義理，《總目》雖然不明著攻擊朱熹，但一方面推崇宋初史論，另一方面大力討伐在史觀上影響朱熹很深的胡寅（《資治通鑒綱目》中大量引用胡寅《讀史管見》），實質上是借這兩種方式來壓低朱熹的地位，以抬高清高宗的義理，實現皇帝對史觀的引導。這種皇權對史學義理的控制作用常常於各種細微之處，以崇文右學的方式體現出來，雖然客觀上有助於史學崇實重考證的風向，但大大阻礙史學義理的發展。書中閃光點不少，不一一贅述了。當然，他的問題意識還不夠強，歷史理論視野還比較單薄，今後如果能從歷史詮釋學與歷史編纂學的角度看待史評類，可能會有更新的認識，也極有可能取得更大的突破。

2016 年夏季，超凡被武漢大學中國傳統文化研究中心（這是教育部百所重點研究基地之一！）錄取為專門史碩士研究生，入學前適逢他在漢逗留，遂命他參與校對《四庫全書簡明目錄》；入學之後，我組織人員整理《四庫全書總目》，他也承擔了集部總集類。在校期間，他不慕榮利，敦品勵學，埋頭苦幹。我自 2017 年春節之後離開武漢大學，這些年師生之間靠微信、電話聯繫。與他同屆的還有柯麗娟、邱勳聰二君，記得第一次師生見面會上，我還打趣：「今年三位同學名字取得真是珠聯璧合，既美麗，又聰明，還超凡脫俗。」猶記珞珈山下，東湖之上，三五成群，高談闊論，時而漫步林間小道，時而端坐圖書館裏，終日乾乾，夕惕若厲，苦在其中，樂在其中。而今師生分散，王獻松博士入職安徽大學徽學中心，曾志平博士入職東莞某大學，柯麗娟同學考入廈門大學歷史系，繼續攻讀博士學位；邱勳聰同學碩士畢業之後參加工作，在商海浮沉；閻超凡繼續留在武漢大學攻讀專門史博士研究生。先是武漢大學歷史學院任放教授慨然接受他，但還沒有正式入門，任放兄就一病不起，羽化而登仙，令人扼腕悲歎！超凡於是成為「孤兒」，很長一段時間竟然找不到導師，我遍詢眾多教授，無人接受，只好與聶長順教授定下君子之約，超凡掛在聶兄的名下，實際上還由我繼續指導。我一般通過微信給他點撥一

下。如我給他提出過「雙獨論」：「尋找獨特的視角，形成獨立的見解！」他性子較慢，我一再催促他要提高效率。勸導他積極進取，如云：「有好的問題意識，才有好的前途。那些灰色的問題只能把人導向灰色人生。」又云：「調整好自己的世界觀！最好不要從反面、陰暗面看世界。起步階段積極入世，否則寸步難行。」又談讀書方法：「不要使用全新的東西，沒有人相信你的所謂創造。」「謹慎使用外來概念。不要以論帶史，而要在比較互鑒中使用拿來主義。」「密切關注學術動態，要關注哪些題材可以做，哪些不能碰，先搞懂行情！只有知己知彼，才能百戰百勝。」「學問因人而異，需要自己探索。走自己的路，讓人家閉嘴！」「靜心聽理論書，以此碰撞出思想火花！這是秘訣！終日冥思苦想，不如邊聽邊想。無心插柳柳成蔭，果無心乎？不過能做到靜心。以他山之石，攻自己的玉！」「我的『三經合一』：以《易經》為脊椎，以《道德經》《華嚴經》為任督二脈，融合三經，三教合一。」諸如此類，不一而足，竭力傳授，聊以塞責。超凡君若能因此開竅，入門不難，深造也是可以辦得到的。

　　去年，臺灣花木蘭文化出版社致函令我舉薦學生畢業論文，當時名下畢業的博士只有王獻松，而獻松的博士論文暫時沒有時間修訂，我便麻著膽子推薦了兩篇碩士論文，其一是童子希的《高似孫文獻學研究》，其二就是閭超凡的這篇論文。令人欣喜的是，這兩篇論文同時被接受了。他們都花費了不少心血修改論文，反覆打磨，增訂了不少內容。在黃茅白葦之中，這兩篇論文無疑是翹楚之作。有道是：「雄關漫道真如鐵，而今邁步從頭越。」君不見，那些假冒偽劣的所謂學術著作說不定什麼時候就會雪崩，那些形形色色的帽子學者說不定什麼時候就會灰飛煙滅！只有真正的著作與真正的學者才能巋然立於學術之林。

　　是為序。

2021 年 11 月 25 日於上海淀山湖畔之海雲閣